MÉTHODE
NOUVELLE
POUR APPRENDRE FACILEMENT
LE PLAIN-CHANT.

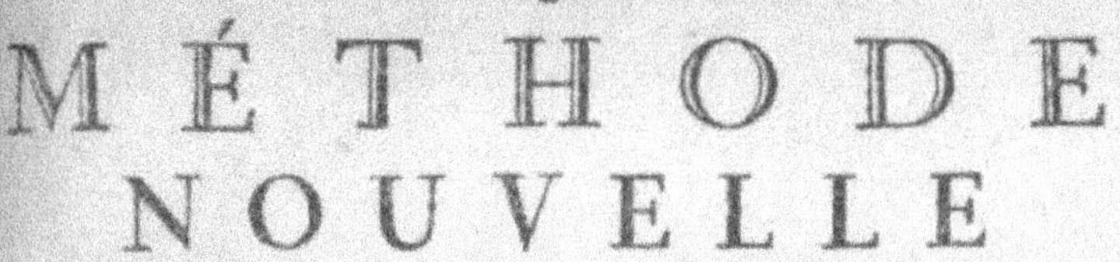

MÉTHODE NOUVELLE

POUR APPRENDRE FACILEMENT

LE PLAIN-CHANT,

AVEC

Quelques Exemples d'HYMNES & de PROSES;

OUVRAGE

Utile à toutes Personnes chargées de gouverner l'Office divin, ainsi qu'aux Organistes, Serpents & Basses-Contres, tant des Eglises où il y a Musique, que de celles où il n'y en a point:

Par M. OUDOUX, Prêtre, Chapelain, Ponctoyeur & Musicien de l'Eglise de Noyon.

Seconde Édition, revue, corrigée & augmentée.

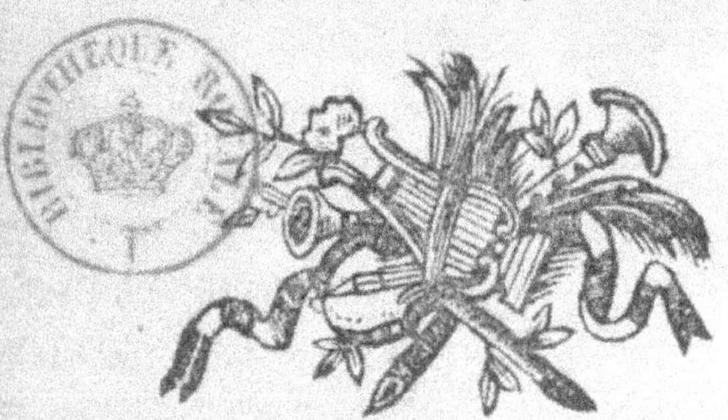

A PARIS,

Chez A. M. LOTTIN l'aîné, Imprimeur-Libraire du Roi & de la VILLE, rue S. Jacques, au Coq & au Livre d'or.

M. DCC. LXXVI.

AVEC APPROBATION, ET PRIVILEGE DU ROI.

AVERTISSEMENT.

L'ACCUEIL que le Public a fait à cet Ouvrage, en ayant épuisé la première Édition, j'ai mis tous mes soins à revoir mon travail, & à y faire toutes les corrections capables de l'améliorer.

Personne ne doute que la Science du CHANT, utile à tout Ecclésiastique, ne soit essentielle à ceux qui sont obligés par état de contribuer à la solemnité des Offices divins. On pourroit dire cependant que le peu d'attention qu'on y donne aujourd'hui, ne répond point à sa nécessité: ceux mêmes qui passent pour sçavoir le mieux chanter, n'ont souvent qu'une routine qui leur est désavantageuse, lorsqu'il s'agit d'exécuter une nouvelle Piéce; routine préjudiciable encore à ceux qui, les regardant comme sçavans dans cette partie, bornent leurs desirs à les imiter.

Si l'on n'a point dans toutes les Eglises le même goût pour le Chant; si l'on ne voit point parmi les Fidéles le même empressement à unir leurs Voix à celles qui gouvernent le Chœur; si dans certaines Paroisses on a envisagé avec peine le terme où il falloit quitter les anciens Livres de Chant pour se servir des nouveaux, ne pourroit-on pas l'attribuer au peu d'habileté de ceux qui sont obligés de s'en servir, qui, bien loin d'être en état d'enseigner aux autres, se trouvent souvent eux-mêmes arrêtés pour l'exécution ?

L'Apôtre S. Paul, écrivant aux Colossiens, leur recommandoit spécialement de s'exercer & de s'édifier par le Chant des *Pseaumes*, des *Hymnes* & des *Cantiques spirituels* (a) : ceux qui sont destinés à l'éducation de la Jeunesse, ne doivent-ils pas sur-tout suivre cet Avis, & donner une partie de leurs soins à enseigner le Plain-Chant aux Enfans ? Cette Instruction les mettra à portée de se rendre utiles dans la célébration des Offices de l'Eglise ; à

(a) Ch. III. ℣. 16.

tant de Chansons profanes & dangereuses dont le Public est inondé, on substitueroit le Chant des louanges du Seigneur; &, du gout que l'on prendroit à les chanter avec l'Eglise, naîtroit une assiduité plus réguliere aux saints Offices.

C'est dans ces vues que MONSEIGNEUR L'EVÊQUE DE NOYON, toujours occupé de ce qui peut procurer le bien spirituel de ses Diocésains, & augmenter la majesté du Culte divin dans les Temples où l'on se réunit pour glorifier le Seigneur, ayant examiné & fait examiner par des personnes intelligentes dans la partie du Chant, les PRINCIPES que l'on donne ici, a bien voulu en permettre l'impression pour l'usage de son Diocèse.

Pour répondre aux pieuses intentions de ce respectable Prélat, j'ai livré à l'impression cet Ouvrage, que je n'avois composé d'abord que pour mon utilité particulière. Je l'ai toutefois corrigé avec soin, afin de n'y omettre rien d'essentiel, & d'en écarter tout ce qui pourroit s'y trouver d'inutile & de superflu.

Je me suis appliqué à recueillir & à

réunir ce qu'on ne trouveroit qu'avec des recherches fatigantes dans un grand nombre de Traités ſur le Chant, que tout le monde n'eſt point en état de ſe procurer, & que peu ſont capables de bien ſaiſir. On développe ici les Principes du Chant par *Demandes* & par *Réponſes ;* parce qu'on a cru cette manière d'enſeigner plus propre à rendre ſenſibles les raiſonnemens, & à favoriſer en même-tems la mémoire de ceux qui étudient. Ces Demandes & ces Réponſes ſont courtes & ſerrées pour les choſes faciles à entendre, mais plus étendues & plus détaillées lorſqu'il n'a pas été poſſible de s'expliquer clairement en peu de mots. On s'eſt étudié à faire ſuccéder les Articles les uns aux autres, de manière qu'un Article parût naître de l'autre, & que la Demande & la Réponſe précédentes fiſſent déſirer celles qui ſuivent.

On n'a rien omis pour expliquer la valeur attribuée à chaque figure de Note adoptée pour la copie du Chant ; il le falloit ainſi pour faire diſtinguer parfaitement le terme ou la durée de chaque *ſon*,

& établir par-là un système de Mesure qui protégeât à la fois le Chant comme la Poésie.

« Mais la MESURE qui, sans contredit, » est le plus bel appanage de la Musique, » auroit-elle dû être employée dans le » Plain-Chant » ? (diront peut-être sans réflexion des personnes qui s'effrayent facilement de tout systême qui leur paroît nouveau.) Il faut leur répondre qu'en donnant au Plain-Chant la MESURE qui leur paroît nouvelle aujourd'hui, on ne fait que lui rendre, dit M. Rousseau, ce qu'on lui avoit ôté dans un tems où le Métre, qui servoit à exprimer la Mesure de la Poésie, étoit négligé, & où l'on ne chantoit plus qu'en Prose. La MESURE du Chant alors tomba entièrement dans l'oubli.

Une foule d'Auteurs respectables nous apprend que l'usage de la MESURE est aussi ancien que le Chant même. En effet, chanter sans Mesure, dit encore M. Rousseau, n'est pas chanter ; & le sentiment de la MESURE n'étant pas moins naturel que celui de l'Intonation, l'invention de ces deux choses n'a pû se faire séparément : &, parce que la MESURE a été négligée pendant un tems, il ne faut pas conclure qu'elle soit d'une nouvelle invention.

Si nous remontons jusqu'au tems des Grecs, dont la Langue prêtoit naturellement au Chant, nous verrons qu'ils faisoient dans leurs Temples un fréquent usage des *Rhythmes :* ce qui fait dire au célèbre M Rollin, que ce fut à eux que Dieu fit les premiers présens de l'Art de chanter. Ces *Rhythmes* (*a*) s'étendoient également sur le Chant comme sur les Paroles : c'est-à dire que, dans le premier sens, ils signifioient la valeur dans les sons ; &, dans le second, ils exprimoient la Mesure & la cadence de la Poésie. Leurs Vers étoient composés d'un certain nombre de pieds, qui formoient les syllabes Longues ou Brèves différemment combinées ; le *Rhythme* du Chant suivoit régulièrement la marche de ces pieds, & n'en étoit proprement que l'expression :

(*a*) Dict. de M. Rousseau, au mot *Rhythme.*

il y avoit des Divisions en deux Tems, l'un *Frappé*, l'autre *Levé*.

Nous apprenons de l'Auteur du *Traité théorique & pratique du Plain-Chant*, imprimé à Paris en 1750, que les Grecs subjugués, par les Romains, leur avoient transmis tous les Arts, & que le Chant fut celui auquel les Romains s'appliquèrent davantage. Ils s'en servirent pour l'Office divin, en imitant les Grecs dans leurs Modes & leurs Mélodies. Sur quoi il faut observer que les Anciens, en parlant des différens Modes, marquent à quelles espéces de Vers étoient plus propres ces différentes espéces de Chant, & nous donnent lieu de penser que les Romains aussi, dans les commencemens, ne chantoient que des Vers, & les mesuroient à l'imitation des Grecs.

Nous n'avons point d'époque certaine du tems auquel on commença de chanter de la Prose dans l'Eglise, si ce n'est par l'introduction des Pseaumes, qui furent traduits en Latin, & ne permirent plus d'en mesurer ni les Paroles ni le Chant; mais leur partage en différens Versets, en facilita toujours le goût syllabique, que nous connoissons aujourd'hui sous le nom de *Psalmodie.*

S. Ambroise (*a*) jugeant sans doute que cette Psalmodie seroit moins monotone, si elle étoit variée dans ses Modulations, introduisit dans son Eglise de Milan l'usage des Antiennes, qui, par leur alternative avec les Pseaumes, donnèrent le moyen d'adoucir le passage d'une Modulation à l'autre, & d'en régler les Intonations. Toutes les Eglises Latines admirent cette manière de célébrer l'Office, & bientôt on prit du goût pour les Chants encore plus chargés de Notes que ne l'étoit celui des Antiennes. Tels furent les chants des *Répons.*

C'est ainsi qu'insensiblement on perdit l'usage de la MESURE du Chant dans l'Eglise. Il est de toute vraisemblance que, dans ces tems où le goût des Grecs & des premiers Romains étoit perdu de vue, l'Eglise reprit celui de faire usage des Hymnes; mais elle négligea tout à

(*a*) Dict. de M. Rousseau, au mot *Antienne.*

fait celui de la MESURE qui devoit y être joint, c'est-à-dire d'en ſcander les Vers ſelon l'exigence des Métres conſacrés. Ce qui fait que le Peuple, accoutumé de n'entendre plus d'autre Chant que celui que nous appellons encore *Chant Grégorien*, parce que S. Grégoire l'affectionnoit, eut tant de peine à reprendre le goût que nos Anciens n'avoient vu s'éclipſer qu'avec regret.

Soit que les Poétes modernes ayent exigé de la part de ceux à qui ils confioient leurs Ouvrages, d'y mettre des Chants relatifs aux expreſſions & aux Métres de leurs Poéſies; ſoit que les Compoſiteurs habiles & aimant le bien, ayent goûté la manière de chanter ſyllabiquement les Piéces Poétiques, préférablement à cette manière de les charger de Notes qui en appeſantiſſoient le chant; il y a plus d'un ſiécle que, dans nos Egliſes, on fait uſage des Chants meſurés (*a*),

(*a*) La Proſe de la Pentecôte, *Veni ſancte*, *&c.* & l'Hymne de S. Jean-Baptiſte, *Ut queant laxis*, *&c.* en ſont des preuves inconteſtables, par leur antiquité.

conformément à la MESURE des Anciens.

Concluons donc qu'il seroit à souhaiter que nos prédécesseurs eussent arraché, s'il eût été possible, jusqu'au souvenir des Chants d'Hymnes & de Proses non mesurés, qui nous rappellent ces tems fâcheux où le précieux héritage des Grecs s'est trouvé enseveli parmi nous ; & que ce seroit en vain qu'on essayeroit de faire passer pour moderne le système de la MESURE du Chant, puisque nous ne lui donnons qu'une nouvelle forme.

Afin de suivre cette Méthode avec un certain ordre qu'on ne vouloit point interrompre, on en a soustrait les différentes Gammes qui ont été placées à la fin, pour faire une suite de Leçons propres à former la Voix des Elèves ; il dépendra du soin des Maîtres de les faire passer successivement d'une Leçon à une autre, pour les conduire insensiblement au point de perfection désirable.

On a pris soin d'imprimer les mots qui ont un double sens, d'un caractère different, afin qu'ils ne soient point équivoques: comme GRADUEL & *Graduel*, MESURE & *Mesure*, TON & *Ton.* Car le mot *Graduel* peut s'entendre du Livre qui contient le Chant des Messes, & en même-tems de l'une des parties de la Messe; celui de *Mesure* signifie la façon de mesurer le Chant en général, & quelquefois une division de la durée d'un *Tems* en plusieurs parties égales; enfin celui de *Ton* signifie tantôt un Intervalle & tantôt une des huit Modulations du Chant.

A la sollicitation de plusieurs personnes de goût, on a donné tous les *Faux-Bourdons* propres à être chantés à l'Unisson les uns des autres & on a fait des changemens & des transpositions utiles dans la distribution des TONS qui servent à la Psalmodie, sans cependant toucher aux différentes Terminaisons. La Table des TONS, imprimée à la fin du Breviaire & des autres Livres qui ont paru depuis, n'étoit pas tout-à-fait claire; les Intonations y étoient multipliées sans besoin: on y en avoit omis d'essentielles, & d'ailleurs il s'y étoit glissé plusieurs fautes; par exemple on a trouvé que le mot

Magnificat, en chacun des TONS, n'étoit pas assez expressif dans sa Modulation, pour indiquer sensiblement le TON sur lequel on prétend l'entonner: on a tâché de réparer tous ces défauts. Il convenoit aussi de mettre en tête de chaque TON, son Intonation commune, & non pas les Intonations distinguées, qui ne servent pas aussi fréquemment.

Dans les Eglises où l'on chante avec *Faux-Bourdon*, il est rare que ceux qui chantent la partie commune du Chœur trouvent au premier Verset la Finale affectée au *Faux-Bourdon*; ils suivent quelquefois même le Pseaume tout entier sans la sentir, parce qu'ils ne consultent que l'indication du Breviaire qui ne doit pas avoir lieu dans ces cas là. Et c'est afin que ces personnes sçachent qu'il n'y a dans chaque TON qu'une & quelquefois deux Terminaisons choisies & adoptées pour le *Faux-Bourdon*, qu'on en a mis le Chant d'un Verset tout entier à la fin de chaque Article des TONS.

Enfin, on a cru nécessaire de supprimer à la fin de l'Article du second TON, la Rubrique qui est à la tête de la Modulation en b, pour la transporter à la Modulation en A, & de corriger le Neume du septième TON, conformément à ce qui est imprimé dans chaque partie de l'*Antiphonaire de Noyon*.

A la fin de l'Ouvrage, on trouvera la Récapitulation qui ne sera pas moins utile à lire que l'Ouvrage même; parce qu'on y a inséré, pour la manière de bien chanter, beaucoup d'observations qu'il n'étoit pas possible de placer ailleurs.

Que l'Auteur de tout bien daigne bénir cet Ouvrage consacré tout entier à sa gloire. Puissent, avec le secours de sa Grâce, les Ecclésiastiques s'en occuper de façon à exciter l'émulation dans les Eglises auxquelles ils président ! Que ceux qui font profession d'enseigner le Chant, s'en instruisent d'une manière à bien former ceux dont l'éducation leur est confiée. Puisse enfin, ce foible essai du zèle qui a fait entreprendre ce petit Ouvrage, inspirer à tous les Fidéles, entre les mains deſquels il pourra tomber, le goût des louanges du Seigneur, & une nouvelle ardeur à les celébrer avec toute la décence & toute la majeſté que demande le Culte d'un ſi grand Maître!

TABLE
De ce qui est contenu dans ce Volume.

PREMIÈRE PARTIE.
MÉTHODE NOUVELLE
Pour apprendre facilement le Plain-Chant.

SECONDE PARTIE.

LEÇONS PROPRES A FORMER LA VOIX.

MÉTHODE

MÉTHODE NOUVELLE

Dirigée par Demandes & par Réponses, pour apprendre facilement le Plain-Chant.

DU PLAIN-CHANT EN GÉNÉRAL.

DEMANDE. Qu'est-ce que le *Plain-Chant ?*
RÉPONSE. C'est le nom qu'on donne dans l'Eglise Romaine au Chant Ecclésiastique, parce qu'il est plus simple que la Musique.

D. Que faut-il sçavoir avant de commencer à apprendre le Chant ?

R. Huit choses.

1° Que, pour apprécier les *sons* dont la voix est susceptible, tant au *grave* qu'à l'*aigu*, c'est-à-dire, dans le bas comme dans le haut, il a fallu les réduire au nombre de sept, auxquels on a donné les noms d'*Ut*, *Ré*, *Mi*, *Fa*, *Sol*, *La* & *Si*.

2° Que, comme il n'étoit pas possible de démontrer la progression de ces différens *sons*, qu'à l'aide d'autant de caractères qui pussent les rappeller à la mémoire ; on s'en est servi, & on les appelle, en terme générique, les *Notes*. L'assemblage des sept *sons* ou *Notes*, *Ut*, *Ré*, *Mi*, *Fa*, *Sol*, *La*, *Si*, dans cette succession, s'appelle la *Gamme* ou *Échelle*, à cause qu'étant placés diatoniquement ſur la Portée ; ils y ſont rangés comme ſur une Échelle.

3° Que, dans le cas où la Gamme ne ſuffit pas au beſoin & à l'étendue du Chant, on la répéte dans le même ordre ci-deſſus, ſoit en montant, ſoit en deſcendant ; alors les Notes répétées deviennent *Réplique* ou *Octave* des Notes dont elles ſont la répétition ; par exemple, ſi, après la Note *Si* qui eſt la dernière de la Gamme, on vouloit étendre davantage le Chant en montant, on feroit obligé de recommencer par la Note *Ut*, qui deviendroit alors la *Réplique* & l'*Octave* de la pareille Note *Ut*, par laquelle on auroit commencé.

4° Qu'on appelle toujours *Intervalle*, la diſtance qu'il y a entre un ſon & un autre *ſon* quelconque ; qu'ainſi il y a des Intervalles plus conſidérables les uns que les autres, à raiſon de la diſtance plus ou moins grande qui ſe trouve entre le *ſon* que l'on quitte & celui qui ſuit : par exemple, l'Intervalle de la Note *Ut* à celle de *Mi*, n'eſt que de moitié de celui qu'il y a de la Note *Ut* à celle de *Sol*, parce que l'on ne peut compter que deux *Degrés* entre l'*Ut* & le *Mi*, & qu'on peut en compter quatre entre l'*Ut* & le *Sol*.

5° Qu'on appelle *Degrés*, l'Intervalle qui ſe trouve entre deux *Notes* ou *ſons* conjoints, comme de l'*Ut* au *Ré*, du *Ré* au *Mi*, &c ; qu'il ſe trouve par conſéquent ſept Degrés de diſtance entre une Note & ſa *Réplique*, comme de l'*Ut* d'en bas à l'*Ut* d'en haut ; que, parmi ces Degrés, il y en a cinq qui, plus considérables, se nomment *Tons*, & les deux autres se nomment *sémi-Tons.*

6° Que, par rapport à la *Mesure* des *Sons*, on représente les Notes sous différentes figures; qu'on entend par la *Mesure* des *Sons*, la vivacité, la modération, ou la lenteur avec laquelle ils peuvent être produits. C'est donc par la forme d'une Note, qu'on connoît la *Mesure* du *Son* quant à sa durée ; comme c'est par la position qu'elle occupe sur la *Portée*, qu'on connoît le rang qu'elle a entre les autres Notes de la Gamme.

7° Que la *Portée* prise à l'usage du *Plain-Chant*, est composée de quatre Lignes parallèles, tirées horizontalement, sur lesquelles, ou entre lesquelles on fait la distribution des Notes, relativement au besoin & aux Clefs qui les gouvernent.

8° Qu'il faut enfin, pour apprendre à chanter, s'appliquer à bien connoître les Notes, & à distinguer les différens Intervalles qui les séparent, afin de les entonner juste ; c'est ce qu'on appelle *Solfier ;* se familiariser ensuite avec les Intervalles, au point de substituer des Paroles aux noms des Notes ; c'est ce qu'on appelle *Chanter.*

DE LA GAMME.

D. Quel ordre doit-on ſuivre dans l'arrangement des Notes ?

R. L'ordre de la *Gamme* naturelle.

D. Quel eſt l'ordre de la Gamme naturelle ?

R. La voici: elle déſigne le premier *Son* du Chant par la Note *Ut*, le ſecond par *Ré*, le troiſiéme par *Mi*, le quatriéme par *Fa*, le cinquiéme par *Sol*, le ſixiéme par *La*, le ſeptiéme par *Si*; &, quand on veut completter l'*Octave*, on le fait par la Réplique de la premiere Note *Ut*, qui fait un huitiéme *ſon*.

EXEMPLE

De l'ordre naturel de la Gamme, ou Octave.

En deſcendant.			*En montant.*
	8	Ut	
	7	Si	
	6	La	
	5	Sol	
	4	Fa	
	3	Mi	
	2	Ré	
	1	Ut	

D. Chacun des Sons étant ainſi déterminé par un nom, peut-on varier le Chant ſans changer le nom des Notes ?

R. Oui, à deux Notes près, que l'on change dans les circonſtances où leurs Sons varient au gré de la Modulation du Chant.

D. Quelles ſont les deux Notes dont les noms peuvent varier ?

R. Ce ſont les Notes *Si* & *Mi*, lorſqu'elles ſont précédées du *Bé-mol.*

DU BÉ-MOL.

Figure du Bé-mol.

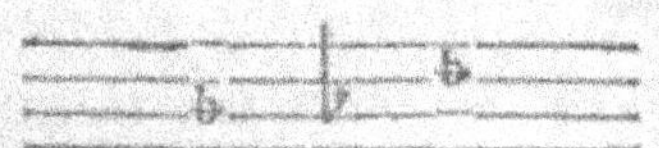

D. Qu'eſt-ce que le Bé-mol ?

R. C'eſt un ſigne à peu près ſemblable à la lettre b, & qui a la propriété de faire baiſſer d'un *ſémi-Ton* le ſon de la Note qu'il précède.

D. Pourquoi appelle-t-on ce ſigne Bé-mol ?

R. Pour le comprendre, il faut ſçavoir qu'anciennement on ne déſignoit les Notes du Chant que par les lettres A, B, C, D, E, F, G : ce fut Guy d'Arezzo qui, le premier, adopta les ſyllabes *Ut*, *Ré*, *Mi*, *Fa*, *Sol*, *La* pour les ſix premières Notes de l'Octave, & laiſſa la Note que nous nommons aujourd'hui *Si*, ſans autre dénomination que la lettre B, à cauſe que le ſon de cette Note étoit variant, c'eſt-à-dire, qu'il devoit être porté tantôt à un *Ton* au-deſſus du *La*, ſelon l'ordre de la Gamme, ou ſeulement à un ſémi-Ton du même *La* quand il étoit précédé des trois ſons *Fa*, *Sol*, *La*, pour éviter le *Triton* qui étoit dur à l'oreille ; c'eſt pourquoi on donna à ce B, dans ſa poſition naturelle, le nom de *Bé-dur*, ou *Bé-quarre*; &, par analogie dans la seconde position, on le nomma *Bé-mol* à cause de sa douceur: de-là est venu l'usage d'employer la lettre *b*, pour avertir de baisser ou adoucir le son de la Note qui doit suivre. Dans le Plain-Chant on ne connoît que deux *Notes variantes*, sçavoir le *Si* & le *Mi*; il s'ensuit qu'on ne peut rencontrer le Bé-mol que sur ces deux Notes.

D. L'usage du *Bé-mol* est-il ancien dans le Plain-Chant?

R. Oui: mais on n'en fit usage que long-tems après l'invention du Plain-Chant; les anciennes Piéces en ce genre prouvent qu'on ignoroit autrefois l'utilité qu'on pouvoit en retirer. On pensoit sans doute sur cela, comme plusieurs pensent encore aujourd'hui à l'égard du *Dièze*. Le *Bé-mol* enfin étoit un signe sacré, qu'on ne mit au jour qu'en tremblant pour l'exécution, avec menagement & dans de grandes occasions: mais les Chantres, devenus plus hardis, s'y sont habitués de manière que le Bé-mol est aujourd'hui employé fréquemment; & qu'à l'exemple de la Musique, on lui a même donné deux sortes de positions, c'est-à-dire, une position *stable*, & une position *accidentelle*.

D. Expliquez ce qu'on entend par une position *stable* & une position *accidentelle*?

R. On appelle une position *stable*, lorsque le Bé-mol est posé immédiatement après la Clef, parce qu'il communique son caractère, qui est de baisser d'un *sémi Ton* le son de toutes les Notes posées sur la même ligne que lui, à moins toutefois que son action ne soit suspendue par un signe contraire, ainsi que nous l'expliquerons en parlant du Bé-quarre. On appelle une position *accidentelle*, quand le Bé-mol se rencontre rarement dans le cours d'une Piéce; alors il n'a d'action que sur la Note qu'il précède, ou tout au plus sur celles qui se rencontreroient sur la même Ligne que lui, & qui le suivroient de près.

Il faut remarquer que le *Bé-mol stable* ne peut se placer que sur la Note *Si*, & que l'*accidentel* peut se rencontrer sur le *Mi* comme sur le *Si*.

D. Dans quel cas fait-on usage du Bé-mol *stable*?

R. Dans les cinquième & sixième TONS du Plain-Chant, à cause qu'il est obligé dans le systême du Mode de ces TONS, & que s'il n'étoit pas ainsi posé, on le rencontreroit trop souvent d'une manière accidentelle.

D. Que doit on faire pour rendre facile à la voix l'exécution du Bé-mol?

R. Pour les personnes qui ont l'oreille sensible, il seroit aisé de leur faire sentir la différence qu'il y a d'un *Ton* à un *sémi-Ton*, par conséquent de leur faire sentir la différence d'une Note *bé-molisée* d'avec celle qui ne le seroit pas: mais pour ceux qui sentent difficilement ces différences, il faut se servir d'un moyen usité depuis long tems, qui est de leur faire prononcer *Za* sur la Note *Si*, & *Ma* sur la Note *Mi*, quand elles se trouvent affectées du Bé-mol.

On peut encore se servir du moyen de la *Transposition*, pour épargner aux Elèves la difficulté de l'observation du Bé-mol; par-là ils s'habitueront à chanter facilement sur toutes les Clefs, tant celles qui sont d'usage, que celles qui ne le sont pas. Nous avons l'expérience que cette manière d'enseigner est la meilleure dont les Maîtres puissent se servir, 1° pour faire éviter les sons faux que font souvent les Elèves lorsqu'ils ont peine à sentir l'effet du Bé-mol; 2° pour les forcer par-là à faire plus d'attention à la Finale du TON, & au systême du Mode qui gouverne son Octave qu'à la Clef; car lorsqu'un Plainchantiste peut parvenir à connoître parfaitement les différences des deux Modes, c'est-à-dire, distinguer le *Majeur* du *Mineur*, il perd facilement la Clef de vue après avoir chanté les premières Notes de la Piéce; l'application des paroles à la Note lui coute moins, & bientôt enfin on le voit chanter à Livre ouvert.

DE LA TRANSPOSITION

De la Note Tonique & de la Clef, par le moyen du Bé-mol stable.

D. Qu'est-ce que vous entendez par *Transposition ?*

R. La *Transposition* ne peut s'entendre que dans un seul sens en fait de Plain-Chant : elle consiste dans le changement que l'on fait d'une Note Tonique pour en adopter une autre, en établissant toutefois sur cette Tonique adoptée le système qu'exige le Mode dans lequel la Piéce est composée. Par exemple, si je veux Transposer une Piéce du cinquiéme TON, je fais, avant toute chose, attention que le cinquiéme TON est du Mode *Majeur ;* je donne le nom de *Fa* au Degré qui, selon la Clef actuelle, appartenoit au *Si*, ou, pour mieux me faire entendre, je place la Note *Fa* dans l'espace où se trouve posé le Bé-mol, de manière qu'au lieu d'un *Si Bé-mol*, j'aurai un *Fa* naturel : de-là, en descendant de Degré en Degré, je trouverai que la Note *Ut* sera placée sur la première Ligne de la Portée : c'est là où il faut établir la Clef d'*Ut* & la *Tonique* adoptée ; car, comme les cinquiéme & sixiéme TONS du Plain-Chant sont Majeurs, on ne peut leur substituer une autre Finale que la Note *Ut*, à cause que la Modulation de son Octave est

Majeure sans altération ; & la Clef d'*Ut* étant ainsi établie sur la première Ligne, on voit que le Bé-mol du *Si* est supprimé comme inutile.

C'est aussi par le moyen de cette *Transposition* qu'on a varié les Terminaisons de la Psalmodie dans les cinquiéme & sixiéme TONS, en les caractérisant par un C qui signifie C *Sol Ut*, tandis que la Clef réelle semble produire à la vue ces Terminaisons en F *Ut Fa*. Cette dénomination en C *Sol Ut*, vient de l'effet du Bémol qui fait descendre la Clef de deux Lignes, pour établir une autre Tonique que celle imposée par la Clef réelle.

EXEMPLE

De la Clef d'*Ut* sur la troisiéme Ligne armée du Bé-mol, & qui, par le moyen de ce Bé-mol, peut se trouver transposée sur la première Ligne, pour y établir la Tonique ou Finale en *Ut* au lieu de celle de *Fa*.

D. Mais

D. Mais quand après avoir Bé-molifé par accident les Notes *Si* & *Mi*, on vient à en rencontrer d'autres de même nom & qui doivent être chantées au naturel, comment connoît-on ce changement ?

R. Il y a un figne deftiné à avertir de ce changement: c'eft le *Bé-quarre*, dont nous parlerons après avoir traité du *Dièfe*.

DU DIÈSE.

Figure du Dièfe.

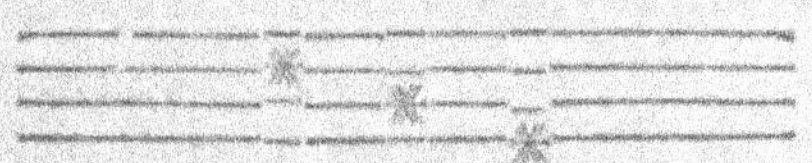

D. Quelle eft la propriété du *Dièfe* ?

R. C'eft d'élever d'un *fémi-Ton* le fon de la Note devant laquelle il eft placé.

D. L'ufage du *Dièfe* eft-il auffi fréquent que celui du Bé-mol ?

R. Non : jufqu'à préfent on ne l'a même point employé dans le Plain-Chant proprement dit, mais feulement dans les Chants mefurés qui ne font propres qu'aux Hymnes & aux Profes ; jamais on ne le place à la Clef d'une manière ftable, comme on fait du Bé-mol, mais toujours accidentellement.

D. Pourquoi ne s'eft-on pas fervi du *Dièfe*, fi ce n'eft dans les Chants mefurés ?

R. C'eft vraifemblablement qu'on n'a point fenti de quelle utilité il pourroit être pour la perfection du Chant, ou que l'on a craint de donner une nouvelle difficulté dans la Pratique : il paroît cependant que le Plain-Chant gagneroit en empruntant cet agrément de la Musique, ainsi qu'il l'a fait du Bé-mol ; les raisons qui ont autorisées l'admission de l'un, parlent également en faveur de l'autre.

D. Quelles sont ces raisons ?

R. En introduisant par exemple le Bé-mol sur la Note *Si*, la principale raison a été que cette Note au naturel venant à précéder le *Fa* aussi au naturel, ces deux sons formeroient entr'eux un Intervalle de *Triton*, lequel est aussi expressément défendu dans le Plain-Chant que le sont toutes dissonances non sauvées dans la Musique; « parce que, comme le remarque M. » Rousseau dans son Dictionnaire, le *Triton* » procure à l'oreille un effet semblable à celui » qu'un corps anguleux & dur feroit au tact de » la main ». Or si l'oreille se trouve blessée par l'Intervalle ascendant du *Fa* naturel au *Si* naturel, elle doit également l'être par l'inversion du *Si* au *Fa*. Il faut donc convenir que si, pour obvier à cette dureté, on a jugé nécessaire d'admettre un *Bé-mol* sur le *Si* quand il viendroit à la suite du *Fa* naturel, on ne peut, sans blesser la raison, dire que le *Fa Dièse* n'est pas nécessaire lorsqu'il vient à la suite du *Si* naturel : de-là il faut conclure que le *Dièse* est nécessaire dans le Plain-Chant, quand on ne peut éviter le *Triton* par un autre moyen.

D. Je comprends que le *Dièse* pourroit être utile dans le Plain-Chant ; mais pourroit-on le placer à la Clef comme on le fait du Bé-mol ?

R. Oui, on le pourroit : mais cela n'est pas nécessaire, parce que les occasions de s'en servir sont si rares, qu'il est plus expédient de ne l'employer que par accident.

D. Dans le cas où l'on voudroit le placer à la Clef, dans quels TONS cela pourroit-il se faire ?

R. On ne pourroit le placer que dans les septième & huitième TONS, à cause que leur Finale commune est en *Sol*, & qu'ils sont du Mode *Majeur*. Dans ces deux TONS, si le *Dièse* étoit posé d'une manière stable sur la Note *Fa*, qui est la septième de leur Tonique *Sol*, il rempliroit parfaitement l'ordre du systême propre au Mode *Majeur*, qui ne veut qu'un *sémi-Ton* de sa Septième à son Octave.

D. Pourquoi ne peut-on poser de *Dièse* stable que dans le Mode *Majeur ?*

R. C'est que le systême du Mode *Majeur* a les deux Degrés sémi-Toniques de son Octave *Fixes* & invariables, c'est-à-dire, qu'ils se trouvent à même Degrés tant en montant qu'en descendant ; sçavoir, le premier entre la *Tierce* & la *Quarte*, & le second entre la Note sensible, qui est la *Septième* & l'*Octave*. Au lieu que le systême du Mode *Mineur* est d'avoir un de ces Degrés sémi-Toniques *variant*, c'est-à-dire, qu'il se trouve en montant de la *Septième* à l'*Octave*, & en deſcendant de la *Sixte* à la *Quinte*; c'eſt pourquoi il ne ſeroit pas poſſible de donner au Mode Mineur un *Dièſe ſtable*, puiſqu'il ne pourroit corriger ſeul les différences de deux ſémi-Tons *variants*; au lieu qu'il peut ſuffire dans le ſyſtême du Mode Majeur, en ſuppoſant toutefois la Tonique en *Sol* telle qu'elle ſe trouve dans les ſeptième & huitième TONS; car il n'en ſeroit pas de même pour toutes autres Toniques qui exigeroient plus d'un Dièſe à la Clef, la choſe n'étant point pratiquable dans le Plain-Chant.

D. Le *Dièſe* pourroit-il, comme le Bé-mol, faciliter la Tranſpoſition de la Note *Tonique*, pour en prendre une autre qui rendît le ſyſtême du Mode au naturel?

R. Oui; le *Dièſe*, comme le Bé-mol, facilite la Tranſpoſition de la Tonique pour prendre celle d'*Ut*, qui rend le Chant au naturel ſans altération. La Régle eſt la même pour l'un comme pour l'autre; à l'exception que dans la Tranſpoſition du *Bé-mol*, on nomme *Fa* l'eſpace de la Portée du Chant où il ſe trouve placé, laquelle Note de *Fa* établit la Finale ou Tonique en *Ut*: & que, dans la Tranſpoſition par le *Dièſe*, on nomme *Si* la Ligne de la Portée du Chant ſur laquelle il ſe trouve placé, & cette Note *Si* établit la Finale en *Ut* au lieu de la laiſſer en *Sol*. Ainſi on poſe donc pour régle générale, que la Gamme d'*Ut* eſt le terme de comparaiſon pour les cinquième, ſixième, ſeptième

& huitième TONS du Plain-Chant; c'est-à-dire que quiconque prendroit la Note *Ut* pour Finale de tous ces TONS, n'auroit à observer ni *Dièse* ni *Bé-mol.*

EXEMPLE

D'une Clef armée du Dièse, comment on doit effacer le Dièse, & de la Clef idéale engendrée par le Dièse dans la Transposition.

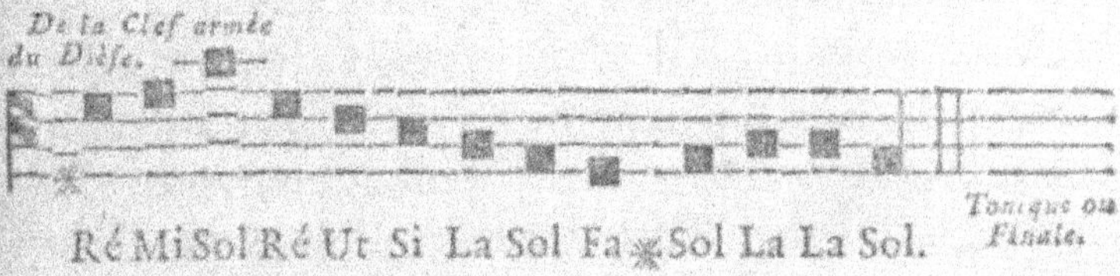

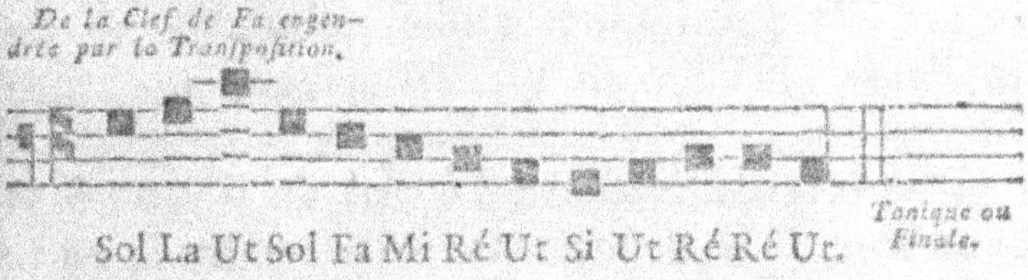

De la Clef armée du Dièse.
Ré Mi Sol Ré Ut Si La Sol Fa * Sol La La Sol.
Tonique ou Finale.

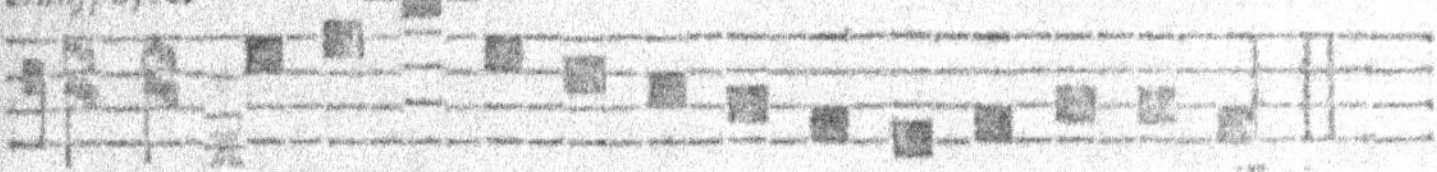

Clef transposée.
De la Clef armée, sur laquelle on transpose pour effacer le Dièse.
Sol La Ut Sol Fa Mi Ré Ut Si Ut Ré Ré Ut.
Tonique ou Finale.

De la Clef de Fa engendrée par la Transposition.
Sol La Ut Sol Fa Mi Ré Ut Si Ut Ré Ré Ut.
Tonique ou Finale.

DU BÉ-QUARRE.

Figure du Bé-quarre.

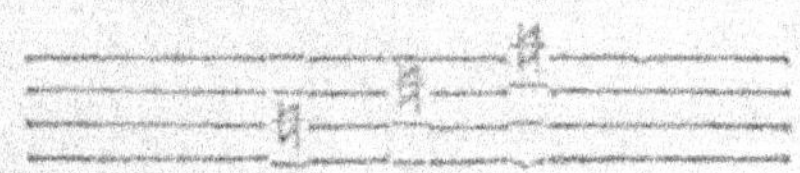

D. Qu'est-ce que le *Bé-quarre*?

R. Le *Bé-quarre* est ainsi que le Bé-mol & le

Dièse, un caractère emprunté de la Musique, & que l'on place sur la gauche des Notes qui auroient été précédemment affectées du Bé-mol ou du Dièse, & que l'on desire faire rentrer dans l'ordre naturel de la Gamme. Le *Bé-quarre* est aussi ancien dans le Plain-Chant que le Bé-mol, puisqu'on n'en fit usage que par une allusion dont j'ai parlé à l'article du Bé-mol.

D. Le *Bé-quarre* se place-t-il aussi à la Clef?

R. Non: puisqu'il n'est inventé que pour réclamer le son naturel des Notes qui auroient été dièsées ou bé-molisées précédemment: mais il a un effet différent dans les Piéces de Chant où le Bé-mol est *stable* à la Clef, & dans celles où il n'est qu'*accidentel;* car si le Bé-mol est *stable*, l'effet du *Bé-quarre* ne porte que sur la Note qu'il précède seulement: au contraire, lorsque le Bé-mol n'est qu'*accidentel*, le *Bé-quarre* le détruit sans retour jusqu'à la fin de la Piéce, si ce n'est qu'il survienne un autre Bé-mol.

Il en est de même à l'égard du *Dièse*, à la suite duquel le *Bé-quarre* fait descendre la Note dièsée d'un *sémi-Ton:* il produit enfin dans l'une & dans l'autre circonstance un effet toujours contraire à celui du signe supprimé.

Voyez les Exemples entre les pages xij & xiij.

DE

DE LA CONNOISSANCE DES CLEFS.

D. Qu'est-ce qui distingue le nom des Notes?

R. Ce sont les *Clefs*.

D. Combien y a-t-il de Clefs au Plain-Chant?

R. Il y en a deux, la Clef d'*Ut* & la Clef de *Fa*; la première se pose habituellement sur la troisième & la quatrième Lignes de la Portée, & rarement sur la seconde; la Clef de *Fa* ne se pose que sur la troisième Ligne.

EXEMPLE

De la position naturelle des Clefs.

Clefs d'Ut. *Clef de Fa.*

Rarement usitée.

EXCEPTION.

Quoiqu'il soit certain que dans le Plain-Chant de nos jours on n'emploie pas d'autres positions de Clefs que celles ci-dessus, il est cependant vrai que, dans l'usage de la Transposition par Bé-mol, on peut voir la Clef d'*Ut* placée sur la première Ligne de la Portée, dans le cinquième TON, & sur la seconde dans le sixième TON. On pourroit également poser idéalement celle de *Fa* sur les troisième & quatrième Lignes, si l'idée de faire usage du Dièse à la Clef avoit lieu dans les septième & huitième TONS; c'est pourquoi on les présente ici pour l'utilité de ceux qui veulent se perfectionner dans le

Chant, au point de Transposer ces quatre TONS en adoptant la Note *Ut* pour leur Finale ou Tonique.

EXEMPLE

Des Clefs usitées dans le cas de Transposition seulement, pour les quatre TONS *du Plain-Chant, qui sont du Mode Majeur.*

Pour le 5e TON, pour le 6e TON, pour le 7e TON,

pour le 8e TON.

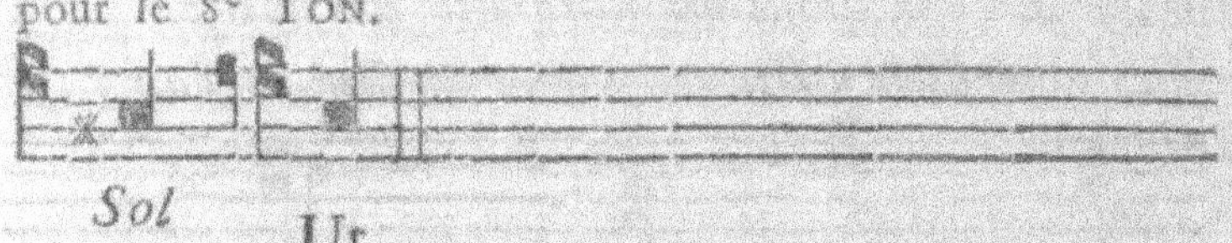

D. Comment une Clef détermine-t-elle le nom des Notes ?

R. En donnant d'abord son nom à la Ligne où elle est posée, & partant ensuite de cette Ligne, soit en montant, soit en descendant conjointement de Ligne en Espace, & d'Espace en Ligne, on donne à chaque Note un nom relatif à l'arrangement de la Gamme naturelle, ainsi qu'on le voit ci-dessus, *page* 20.

D. Sur quelle position de Clef est-il plus intéressant d'exercer d'abord les Elèves ?

R. La Clef d'*Ut* posée sur la quatrième Ligne paroît propre à cela ; elle les accoutume à traverser facilement du haut en bas, & du bas en haut.

DE LA CONNOISSANCE DES NOTES.

EXEMPLE,

Pour servir d'explication à ce qui est dit ci-dessus, avant de faire chanter.

ÉCHELLE DU CHANT.

En descendant.

Ut ———————————— 4me *Ligne.*
Si . . . . *Espace.*
La ———————————— 3me *Ligne.*
Sol . . . . *Espace.*
Fa ———————————— 2me *Ligne.*
Mi . . . . *Espace.*
Ré ———————————— 1re *Ligne.*
Ut . . . . *Espace.*

En montant.

DE L'INTONATION DES NOTES.

EXEMPLE,

Pour faire chanter les Elèves, après leur avoir fait connoître & expliqué les noms des Lignes & des Espaces de la Portée.

Ire GAMME MAJEURE.

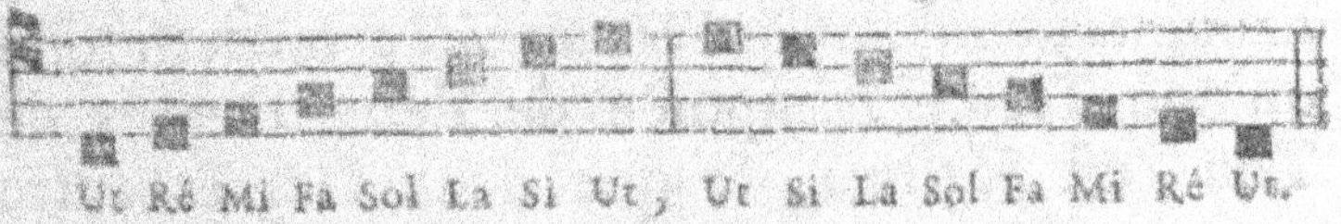

AUTRE GAMME,

Par laquelle on fera ſentir les effets du Bé-mol *poſé ſur la Note* Si *d'une manière ſtable, & ſur la Note* Mi *d'une manière accidentelle.*

DES TIERCES.

D. Quand les Elèves ſentiront bien les effets du Bé-mol par les Intervalles conjoints, que faudra-t-il faire?

R. Avant de les faire paſſer à l'Intonation des différens Intervalles renfermés dans la Gamme, ainſi qu'on les voit ci-après, *pag. iv & ſuivantes*, il eſt à propos de les exercer quelque-tems ſur les effets des Tierces *Majeures* & *Mineures*, pour les accoutumer à former enſuite des étendues plus conſidérables.

D. Quelle différence leur fera-t-on remarquer dans ces deux Tierces?

R. Après leur avoir expliqué qu'une Tierce eſt compoſée de trois Sons qui ſe ſuccédent, ſoit par Degrés conjoints, comme *Ut Ré Mi*, ſoit par un Intervalle des mêmes Sons lorſqu'ils ſont disjoints, comme de l'*Ut* au *Mi*; on leur dira qu'une Tierce compoſée de deux Degrés de Ton, eſt *Majeure*, & que deux Degrés entre lesquels il se rencontre un sémi-Ton, forment un Intervalle de Tierce *Mineure*, soit dans le genre *Direct*, soit dans le genre *Inverse*.

D. La Tierce Mineure a donc deux genres différens ?

R. Oui ; on l'appelle *Directe*, lorsque le sémi-Ton occupe le Degré supérieur ; & on l'appelle *Inverse*, lorsque le sémi-Ton occupe le Degré inférieur.

EXEMPLE

De l'assemblage de trois Notes dont les Sons forment deux Degrés ou Intervalles de Ton ; ce qui distingue la Tierce Majeure.

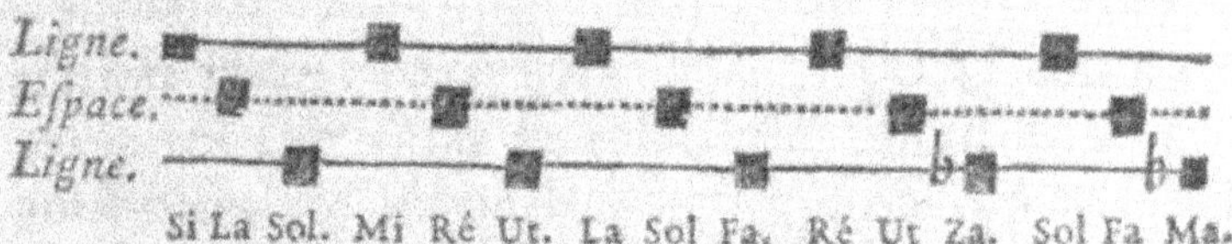

EXEMPLE

De l'assemblage de trois Notes, dont les Sons forment deux Degrés par succession, mais dont celui d'en haut n'est que sémi-Tonique ; ce qui distingue la Tierce Mineure Directe.

Ligne.
Espace.
Ligne.
Ut Si La. Fa Mi Ré. Za La Sol. Ma Ré Ut.

EXEMPLE

De l'assemblage de trois Notes, dont les Sons forment deux Degrés par succession, mais dont celui d'en bas n'est que sémi-Tonique; ce qui distingue la Tierce Mineure Inverse.

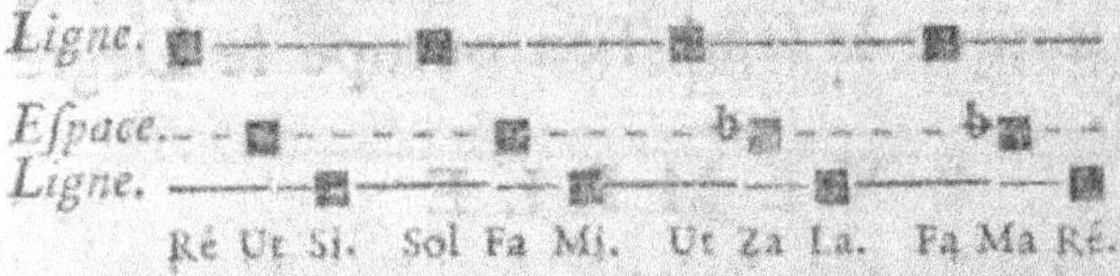

Ligne.
Espace. b b
Ligne.
Ré Ut Si. Sol Fa Mi. Ut Za La. Fa Ma Ré.

D. Que signifie cette Ligne pointillée, que vous mettez entre deux lignes parallèles?

R. C'est pour que les Maîtres fassent sentir à leurs Elèves que, dans le premier exemple, on a mis la Ligne pointillée dans l'exact milieu des deux lignes parallèles, à cause que les deux Degrés qui composent la Tierce Majeure sont semblables; au lieu que, dans les derniers exemples, la Ligne pointillée, plus ou moins éloignée du centre des lignes parallèles, soit en haut, soit en bas, sert à distinguer l'emplacement du Degré *Tonique* & du Degré *sémi-Tonique.*

DES DIFFÉRENS INTERVALLES DU CHANT.

D. Lorsque les Elèves sçauront bien distinguer les différentes Tierces, que faudra-t-il faire?

R. On leur fera connoître & entonner par successions conjointes & disjointes, les *Intervalles de Quarte, Quinte, Sixte & Octave*; mais rarement de *Septiéme*, en suivant pour Leçons la suite des Gammes placées à la page *iv & suivantes.*

DES DIFFÉRENS SIGNES.

D. Quels sont les Signes qui servent à l'intelligence de la Copie du Chant ?

R. On en compte sept ; savoir, la *demi-Barre*, la *Barre simple*, la *double Barre*, le *demi-Cercle* ou *Chapeau*, le *Guidon*, l'*Etoile* & la *Croix*.

EXEMPLE DE LEURS FIGURES.

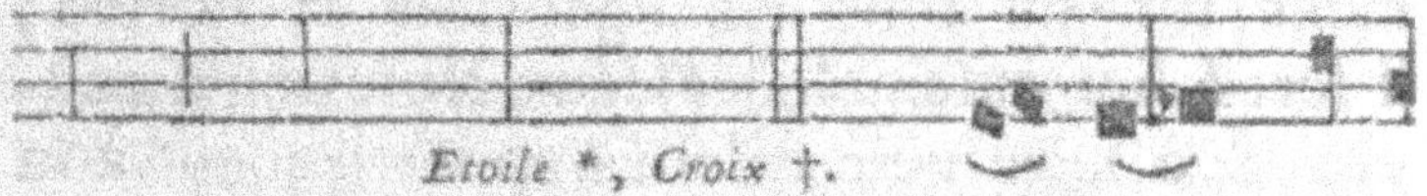

D. Donnez-moi l'explication de chacun de ces Signes en particulier ?

R. La *demi-Barre* est employée à deux objets différens : savoir, dans le *Plain-Chant* ordinaire, pour marquer la séparation de chaque Mot, & des Notes qui leur appartiennent ; &, dans les Chants Mesurés, elle sert à séparer chaque *Mesure.* Dans le premier cas, la *demi-Barre* se place relativement à la position de la Note qui la suit, c'est-à-dire que, si la Note suivante se trouve dans le centre de la Portée, la *demi-Barre* se pose aussi dans le centre ; si la Note est posée au-dessus ou au-dessous du centre, la *demi-Barre* l'est pareillement. Dans le second cas, la *demi-Barre* se pose toujours dans le centre de la Portée, parce qu'elle n'a de rapport qu'à la valeur des Notes, & non à leur position.

La *Barre simple* traverse perpendiculairement les quatre Lignes de l'Échelle; elle sert à indiquer la terminaison du sens de la lettre & du Chant. Dans les Chants mesurés, elle termine le Chant de chaque Vers, pour indiquer qu'on doit s'y reposer.

La *double-Barre* sert, dans toutes les Piéces, à indiquer les *Intonations*, les *Reprises*, les *Finales* & les *Réclames*.

Le *demi Cercle* ou *Chapeau* se pose ordinairement sur ou sous les lignes de la Portée; il sert à lier ensemble les deux Notes qu'il couvre, & à faire voir qu'elles appartiennent à la même syllabe, quoiqu'elles ne soient pas jointes dans la Copie.

Le *Guidon* a la figure d'une demi-Note avec une queue, soit en haut, soit en bas; il se place à l'extrêmité finale de chaque Portée, sur le Degré où doit être placée la première Note de la Portée suivante.

L'*Etoile* se place avec la lettre; dans la Psalmodie, elle indique la Médiante de chaque Verset; &, dans les Répons, la Réclame qui doit se faire après le Verset & le *Gloria Patri*.

La *Croix* se place également avec la lettre; &, lorsqu'il se trouve deux Réclames dans un Répons, elle indique la seconde.

DES DIFFÉRENTES FIGURES DES NOTES, *par rapport à la Mesure du Chant.*

D. Combien y a-t-il de Figures de Notes pour indiquer les différens mouvemens ?

R. Dans le Chant Noyonnois, on en a employé quatre sortes; savoir, la *Note à Queue*, la *Note Quarrée*, la *Rhomboïde* & la *Lozange.*

EXEMPLE.

ou ou

Note à Queue. Note Quarrée. Note Rhomboïde. Note Lozange.

D. Ces Figures ont-elles été inventées pour la Copie des Livres à l'Usage de Noyon ?

R. Non; il est aisé de prouver que, depuis plusieurs siécles, on s'en est servi, mais arbitrairement, c'est-à-dire sans Principes bien raisonnés; on peut s'en assurer à l'ouverture des Livres d'Eglise de la plus grande antiquité, & même dans ceux qui ont été imprimés depuis à l'Usage de divers Diocèses; on verra qu'indistinctement les *Notes à Queues*, *Rhomboïdes* & *Lozanges* ont été mal-à-propos employées pour même valeur; &, pour ajouter encore à la confusion, on a employé un nombre considérable de *Points* qui n'ont aucune valeur fixe; il est pourtant raisonnable que, pour déterminer la lecture d'un discours écrit en quelque langue que ce soit, on doive auparavant s'assurer de l'Alphabet en usage dans cette langue: or, comme le Chant est une lecture, il faut donc que cette lecture soit assurée par des caractères invariables qui forment son Alphabet. Le beau en général n'est produit que par l'établissement & l'observation des Régles relatives à son genre. C'est la réflexion que fit sagement un habile Musicien (*a*), à qui nous avons obligation de la déterminaison dans la valeur des Notes du Plain-Chant, lorsqu'il entreprit de commencer le Chant Noyonnois; & ce sont les Principes qu'il avoit en vue qu'on se propose d'expliquer ici.

D. Quel étoit son objet principal, en mettant la réforme dans les Figures des Notes?

R. De donner au Chant des Hymnes & à toutes autres Piéces Poétiques une perfection de laquelle on s'étoit éloigné, en forçant les paroles Poétiques de céder à la Mélodie du Chant, au lieu d'assujettir la MESURE du Chant à la Mesure de la Poésie, comme l'exige le bon-sens; car on ne doit pas mépriser le travail pénible des Poétes qui se sont asservis à certaines MESURES propres aux sentimens qu'ils ont voulu exprimer.

(*a*) M. l'Abbé DUGUÉ, ancien Maître de Musique de l'Eglise de Noyon, & actuellement Maître de Musique de l'Eglise de Paris.

*

De la Mesure du Chant en général.

D. Combien diſtingue-t-on de Mesures dans le Chant ?

R. On en diſtingue trois ; ſavoir, la Mesure *Naturelle* ou à un ſeul Tems, la Mesure à deux Tems & la Mesure à trois Tems ; leſquelles dernières Mesures ſe nomment auſſi Mesures *Composées*, parce qu'elles n'ont qu'un effet réſultant de celui de la Mesure Naturelle.

D. Quand ſe ſert-on de la Mesure *Naturelle ?*

R. Lorſqu'on chante un *Répons*, une *Antienne* & en général toute Piéce compoſée ſur des Paroles non ſcandées, ou ſur une Poéſie irrégulière, comme les Proſes *Dies iræ; Lauda, Sion*; l'Hymne *Pange, lingua*, & autres.

D. Quand s'eſt-on ſervi des Mesures *compoſées ?*

R. Toutes les fois qu'il s'agiſſoit de mettre en Chant une Poéſie régulière, à moins que, par des égards dont on pourra un jour ſe repentir, on n'ait conſervé d'anciens Chants d'Hymnes qui ont une parfaite reſſemblance avec des Chants d'Antiennes, & qui s'exécutent de même.

D. Quel avantage a-t-on tiré de cette nouvelle façon de meſurer les Piéces Poétiques ?

R. Celui de mettre une uniformité entre la Mesure du Chant & celle de la Poéſie, autant qu'il a été poſſible de le faire. Par là on a procuré à l'une & à l'autre une perfection ſeule capable d'entrer dans les idées des Poétes, en donnant à leurs Piéces toute la force, l'énergie & la vivacité que leurs expressions exigent.

Par la MESURE, on oblige tous les Ecclésiastiques & autres, à ne faire qu'un corps de mêmes voix entr'eux, & à se maintenir plus facilement dans la justesse du Ton pris ou donné au commencement de la Piéce : par la MESURE enfin, on a rendu le Chant des Eglises plus varié, plus agréable & plus majestueux.

DE LA MESURE NATURELLE,

ou à un seul Tems.

D. Quelle est la bonne façon de mesurer le Chant à un seul Tems ?

R. C'est 1° de peser également sur toutes les Notes, en observant cependant les *Bréves* qui y sont indiquées. 2° De ne jamais prendre haleine aux dépens de la Note par laquelle on reprend le Chant, mais toujours aux dépens de celle par laquelle on finit. 3° De ne point couper les phrases si elles sont courtes ; & lorsqu'elles sont longues, de bien prendre garde de couper un mot en deux, & de varier sur le mouvement une fois bien pris au commencement de la Piéce.

La Note commune dont on se sert pour ces sortes de Chants, est la Note quarrée ; *voyez* le premier exemple ci-après.

Si l'on rencontre une *Lozange*, c'est-à-dire la *Bréve* de rigueur qui exprime la Quantité par rapport aux Paroles, on prendra garde qu'elle est toujours précédée d'une Note à Queue, pour avertir qu'il ne faut faire qu'un seul Tems de ces deux Notes, en passant rapidement sur la seconde; car, comme on le dira plus loin, la Note à Queue dans ces cas là, n'est pas plus longue que les Notes Quarrées. C'est à tort que, dans quelques Paroisses, à l'imitation du Chant des Eglises où il y a Musique, on appuie sur les Notes Bréves qu'exige la Quantité, parce qu'on ne fait pas attention qu'on ne chante ainsi dans les grandes Eglises, que lorsque le Chant est accompagné d'Instrumens, & pour donner à ceux qui s'occupent du *Chant-sur-Livre*, le tems de placer leurs accords sur cette Note; car les Bréves, excepté dans ces circonstances, s'expriment avec exactitude; *voyez* le second exemple.

Quand il se trouve dans les Paroles deux Bréves de suite (ce qui arrive souvent devant les *Monosyllabes*) on exprime dans le Chant la première Bréve par une Note *Lozange*, & la seconde par une Note *Rhomboïde*, pour indiquer que celle-ci ne doit pas se passer si légèrement que la première; *voyez* le troisième exemple.

Il faut avoir attention de peser davantage sur les deux Notes qui terminent les Intonations, ainsi que sur les Finales de chaque Verset; c'est pourquoi, dans les Livres nouveaux, on a indiqué cette Régle, en plaçant une Queue entre ces deux Notes à chaque *Périélèse* ou *Cadence* du Chant ; *voyez* le quatriéme exemple.

EXEMPLES.

I.

Notes Quarrées.

Di-es i-ræ.

Les Notes de cette espéce se chantent également, c'est-à-dire que chacune vaut un Tems.

II.

Note à Queue & à Lozange.

Domi-no.

La première de ces Notes sert à annoncer la seconde, & les deux ne forment qu'un seul Tems.

III.

La Lozange & la Rhomboïde.

Glo-ri-a est.

La Rhomboïde est moins Bréve que la Lozange, & ne forme aussi qu'un seul Tems avec elle.

IV.

Périélèse ou Cadence du Chant.

Do-mi-nus.

La Queue entre deux Notes, indique qu'il faut supposer doubles, les Notes auxquelles elle touche.

REGLES PARTICULIÈRES
Pour les Inſtrumens deſtinés à l'exécution du Plain-Chant.

D. Ceux qui jouent les Inſtrumens propres à l'exécution du Chant, doivent-ils obſerver les mêmes Régles que les Voix?

R. Oui; ils doivent non-ſeulement connoître & mettre en pratique les Régles qu'on vient de preſcrire aux Voix, afin de ne pas les entraîner dans des défauts contraires aux Principes; mais ils en ont en outre de particulières à ſuivre, comme d'étudier l'*étendue* ou *Diapaſon* des Voix qu'ils accompagnent, pour régler en conſéquence la *Tranſpoſition* qu'ils doivent faire dans chacun des TONS, de façon à ne pas fatiguer les Voix par des hauts impraticables, ou deſcendre ſi bas qu'elles ne puiſſent les ſuivre.

D'exprimer comme *Longues* les Notes Bréves dans certains cas, & les ſupprimer dans d'autres où elles deviendroient nuiſibles à la Modulation; voici pour cela ce qu'ils doivent remarquer.

La Note *Lozange*, autrement dite la *Bréve*, peut ſe rencontrer dans le Chant, de deux manières, c'eſt-à-dire qu'elle eſt quelquefois *iſolée* & quelquefois *accomgagnée* d'une autre Note poſée ſur la même Ligne, ou dans le même Eſpace. Lors donc que la Bréve ſe trouve *iſolée*, (ce qui eſt rare) on doit la conſidérer & l'exécuter comme si elle étoit *Quarrée*, parce qu'elle devient essentielle à la Modulation du Chant, & qu'il seroit ridicule de passer rapidement sur une Note dont le Chant ne peut se passer; ce qui deviendroit d'ailleurs nuisible à ceux qui s'occupent du Chant-sur-Livre. Et lorsqu'elle se trouve précédée ou suivie d'une autre Note quelconque sur la même Ligne ou le même Espace, ils doivent la supprimer tout-à-fait, parce que, bien loin qu'elle soit utile, elle rend la Modulation dure & pesante à l'oreille: *voyez* les exemples ci-après.

D. Si la Note Bréve, ainsi posée, peut devenir inutile au Chant, & préjudiciable à la Modulation, pourquoi donc l'a-t-on fait si souvent rencontrer dans presque toutes les Piéces?

R. C'est qu'il y auroit eu un plus grand inconvénient de les rendre isolées, dans les cas où l'on chante couramment & sans le secours d'aucun Instrument, en ce qu'elles auroient produit à chaque instant des bondissemens capables de faire un mauvais effet, au lieu qu'étant appuyées par des Notes Longues sur la même Ligne, le passage en devient infiniment plus doux.

On espère que cette raison déterminera toutes les Eglises où il y a Musique, à faire supprimer aux Instrumens les Notes Bréves dans cette dernière position, cela ne pouvant déranger en rien les Basse-Contres, si l'on se souvient que la Note Bréve ne fait jamais qu'un Tems

avec

avec la Note qui la précède; que, par conséquent, il importe peu que les Instrumens ne jouent qu'une seule Note pendant qu'on en chante deux, dès que la *Mesure* n'en souffre point.

EXEMPLE

D'une Note Brève qu'on doit supprimer en jouant, parce qu'elle est accompagnée d'autres Notes dans le même Espace, & qu'elle est inutile à la Modulation.

EXEMPLE,

Lorsqu'il se trouve deux Bréves de suite, & qu'on ne doit faire entendre que la seconde.

EXEMPLE,

Lorsque la Brève est isolée, & qu'elle devient essentielle à la Modulation.

DE LA MESURE A DEUX TEMS.

D. Quelles ſont les Figures de Notes qui peuvent être employées pour former les Tems de cette MESURE ?

R. On peut employer les quatre Figures dont on a fait mention ci-deſſus à la page 41, relativement à la valeur qui leur eſt propre, & au genre de la Poéſie.

D. Deux ſortes de Notes n'auroient-elles pas ſuffi pour cela ?

R. Non ; comme on n'a employé cette MESURE que pour les Piéces Poétiques, dont le caractère diſtinctif eſt d'avoir quelques Métres compoſés de deux *Bréves*, qui valent une *Longue*, entremêlés d'autres Métres compoſés de deux *Longues*, ou d'une *Bréve* avec une *Longue* ; on a été obligé de ſe ſervir de pluſieurs Figures de Notes pour les exprimer dans leurs variations : & cette opération ayant demandé toute l'attention des Compoſiteurs, elle exige auſſi celle de ceux qui exécuteront. Car un Tems de cette MESURE peut s'exprimer de trois maniéres différentes, ſelon l'exigence des cas.

D. Quelles ſont les trois maniéres d'exprimer un Tems ?

R. Par une *Note à Queue* ou , par deux *Rhomboïdes* ou , & par une *Note Quarrée* jointe à la *Lozange* .

EXEMPLE

De deux MESURES *à deux Tems, dans lesquelles on peut remarquer les trois manières possibles de remplir un Tems.*

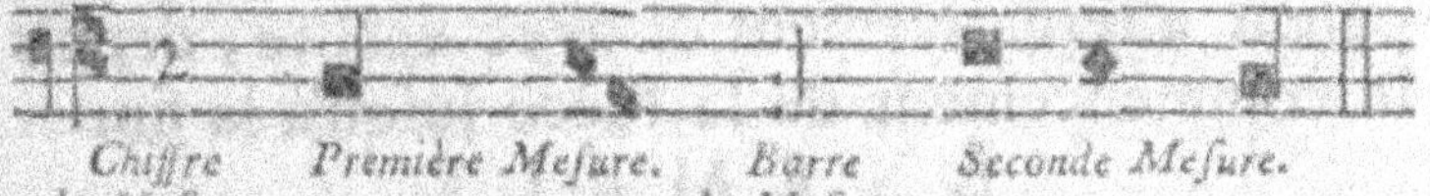

D. Est-ce ainsi que sont copiés les Livres Noyonnois pour la partie des *Hymnes* & des *Proses ?*

R. Oui : quant aux *Notes*, on en a observé fidélement la valeur ; mais quant aux *Mesures*, elles n'ont point été séparées par une *Barre*, comme on le voit ici : on auroit pu ajouter cette perfection à la Copie, ainsi que le Chiffre 2 après la Clef, pour faire connoître que la MESURE est à deux Tems, & de même un Chiffre 3 pour indiquer la MESURE à trois Tems ; cela n'auroit pas augmenté les difficultés de l'exécution à beaucoup près.

Mais, pour remplir l'objet de cette Méthode qui n'a d'autre but que de conduire à la parfaite exécution du Chant, on a indiqué la MESURE au commencement de chaque Piéce, par un Chiffre déterminatif, & on a séparé chaque *Mesure* par une petite *Barre*, posée dans le centre de la Portée.

Voyez les autres Exemples qui sont donnés à la suite des Leçons, pour faire connoître les différens genres de Vers qui se mesurent à deux Tems, pag. xiij & suiv.

D. Comment exprime-t-on le battement de cette MESURE pour la faire sentir à l'oreille ?

R. Par le *frappé* de la main, pour former le premier Tems de la *Mesure*, & par le *levé* qui est le second Tems ; lesquels mouvemens se répétent alternativement & avec égalité, depuis le commencement de la Piéce jusqu'à la fin.

EXEMPLE

De la manière de battre la Mesure à deux Tems.

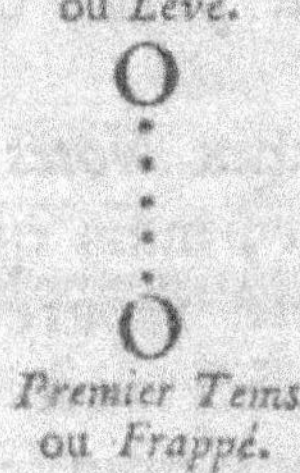

D. N'a-t-on pas employé dans le cours du GRADUEL Noyonnois un autre systême de MESURE à deux Tems ?

R. Oui, comme on est dans l'usage de rallentir la Mesure sur la dernière Strophe des *Proses*, quelquefois même sur les deux dernières, pour distinguer la *Prière* qui s'y trouve, ou l'*Invocation* au Saint du jour, on a imposé la lenteur de ce Chant par une MESURE à deux Tems lente : & afin d'annoncer plus sensiblement ces passages, on a employé, sur chaque Tems, deux *Notes Quarrées* qui se touchent ; lorsqu'il s'est trouvé des syllabes Bréves, dont l'observation étoit indispensable dans le Chant, on les a exprimées par une seule *Note Quarrée*, précédée d'une *Note à Queue*, pour ne former qu'un seul

Tems entr'elles. Dans cette MESURE (que l'on nomme *Lente* par comparaison avec celle que l'on vient d'enseigner) comme dans les autres, on a observé de mettre sur la dernière syllabe de chaque Vers, une *Note à Queue*, pour faire sentir l'obligation qu'il y a de s'y reposer.

EXEMPLE

De la Mesure à deux Tems, lente.

1re *Mesure.* 2de *Mesure.* *Fin du Vers.*

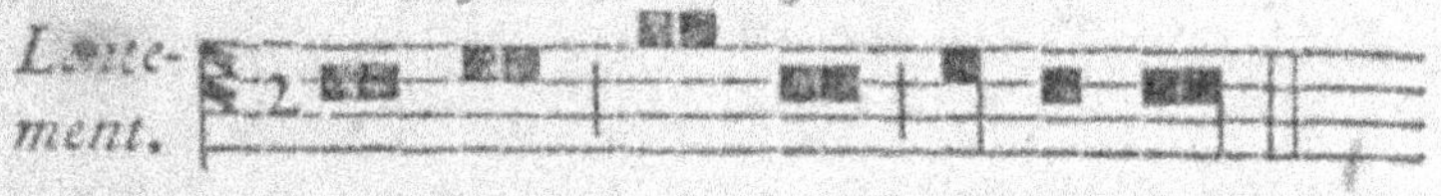

DE LA MESURE A TROIS TEMS.

D. Quelles sont les Figures de Notes qui doivent être employées pour remplir la MESURE à trois Tems?

R. Comme on n'a employé cette MESURE que pour les Piéces Poëtiques qui sont, sans interruption, scandées de *Longues* en *Bréves*, ou de *Bréves* en *Longues*; on ne s'est servi dans la MESURE du Chant, à l'imitation de celle de la Poésie, que d'une Note Longue & d'une Bréve, sçavoir, d'une *Note à Queue* ou sur la syllabe Longue, & d'une *Rhomboïde* ou sur la syllabe Bréve, & lorsque, pour la Mélodie du Chant, on a jugé à propos de mettre deux Notes pour une sur les syllabes Longues, on a employé deux *Rhom-*

boïdes, comme on le voit dans la ſeconde *Meſure* de l'Exemple qui ſuit.

EXEMPLE

De la manière de remplir les MESURES *à trois Tems, pour la Meſure Poëtique ſcandée* de Longues *en* Bréves.

1re *Meſure.* 2de *Meſure.* 3me *Meſure.* 4me *Meſure.*

EXEMPLE

De la manière de remplir les MESURES *à trois Tems, pour la Meſure Poëtique ſcandée* de Bréves *en* Longues.

1re *Meſure.* 2de *Meſure.* 3me *Meſure.* 4me *Meſure.*

Même Meſure.

D. La *première* & la *dernière Meſure* de chaque Vers ſeront donc imparfaites, puiſque, ſelon ce dernier Exemple, elles ne ſont compoſées que d'une ſeule Note chacune ?

R. Non : parce que le premier Vers finiſſant par une Note *Longue*, & le ſecond commençant par une Note *Bréve*, on fera de ces deux Notes une ſeule & même *Meſure*, ainſi qu'on l'indique à la fin de ce même Exemple ; & le paſſage d'une Strophe à l'autre, ne ſera pas même dans le cas d'interrompre la *Meſure*, puiſque la Note Finale de chaque Strophe eſt toujours une *Longue* qui occupe deux Tems de la Meſure, & que la première Note de la Strophe ſuivante eſt toujours une *Bréve*, de laquelle on formera le troiſiéme Tems de cette *Meſure*.

D. Ne seroit-il pas possible de déterminer la juste durée que devroit avoir chaque *Tems* & chaque *Mesure* ?

R. La chose n'est pas possible ; mais ceux qui exécutent les Chants d'*Hymnes* ou de *Proses*, doivent mettre une différence sensible entre les MESURES des Hymnes consacrées aux grandes solemnités de l'Eglise, & celle d'un Rit inférieur, sans toutefois donner à ces dernières une légéreté qui ne s'accorderoit ni avec la décence & la gravité que doit avoir l'Office divin, ni avec l'intention des Compositeurs.

D. Comment exprime-t-on le battement de cette *Mesure* pour la faire sentir ?

R. Par le *frappé* de la main qui forme le premier *Tems*, ensuite on la porte sur la *droite* pour former le second *Tems*, après quoi on la léve pour former le troisiéme *Tems*, en observant que ces trois mouvemens soient toujours exprimés & battus également entr'eux.

EXEMPLE

De la manière de battre la Mesure à trois Tems.

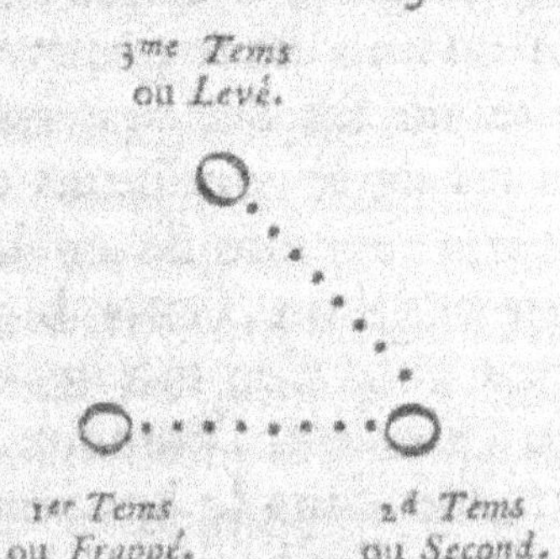

3me *Tems* ou *Levé.*

1er *Tems* ou *Frappé.* 2d *Tems* ou *Second.*

DES MODES ET DES TONS.

D. Qu'entend-on par *Mode* dans le Plain-Chant ?

R. Mode eſt un mot qui a deux ſignifications. On peut entendre par *Mode*, deux manières de moduler toutes ſortes de Chants : alors je dirai qu'il y a deux *Modes*, ſçavoir, le Mode *Majeur* & le Mode *Mineur*. Mais, ſelon la ſeconde ſignification, on entend par *Mode* un TON *Régulier*, choiſi pour déterminer la baſe de chaque Piéce de Chant : alors je dirai qu'il y a huit *Modes* ou TONS *Réguliers*. On ſe ſert plus ordinairement du terme de TON, pour déſigner un *Mode* dans ce dernier ſens.

D. En quoi le *Mode* differe-t-il du TON ?

R. En ce que celui-ci n'indique que la *Note* ou le *Son* qui doit ſervir de baſe au Chant ; & que le *Mode*, ſoit Majeur, ſoit Mineur, détermine la Tierce, & modifie toute la Gamme ſur cette Note *Tonique* ou Son fondamental.

D. Expliquez-moi ceci plus au long ?

R. Il faut qu'un Chant quelconque, ne fût-il composé que de ſix Notes, renferme dans ſa Modulation les deux conditions ci-deſſus ; c'eſt-à-dire, que l'on reconnoiſſe en lui un des deux *Modes* & un des huit TONS bien caractériſé, ſans quoi ce Chant n'en mériteroit pas le nom.

Par la Note Finale & l'étendue du Chant, ſoit dans le haut, ſoit dans le bas, on doit ſçavoir, au premier coup-d'œil, ſi ce Chant eſt du premier, du second, du troisiéme, du quatriéme, du cinquiéme, du sixiéme, du septiéme ou du huitiéme TON ; &, par l'intervalle de la Tierce de cette Finale, on doit sçavoir, à l'instant, si le Chant est dans le *Mode Mineur*, ou dans le *Mode Majeur.*

D. Comment connoît-on par la *Tierce*, si un TON est *Majeur*, ou s'il est *Mineur ?*

R. Si la *Tierce* est composée de deux *Tons*, comme de l'*Ut* au *Mi*, le Mode est *Majeur ;* si elle n'est que d'un *Ton* & un *sémi-Ton*, comme du *Ré* au *Fa*, le Mode est *Mineur.* (*Voyez ce qui est dit ci-dessus à l'article des* Tierces, *pag.* 36.)

D. Qu'entendez-vous par une *Note Tonique* ou Son fondamental ?

R. J'entends la Note principale sur laquelle le TON est établi ; cette Note termine toutes les Piéces du Chant ; c'est pourquoi on l'appelle aussi *Note Finale.*

DES TONS RÉGULIERS.

D. Qu'entendez-vous par les huit TONS *Réguliers ?*

R. J'entends huit manières de moduler le Chant sur les différentes Finales.

D. Combien y a-t-il de *Notes Finales ?*

R. Il y en a quatre qui sont *Ré*, *Mi*, *Fa*, *Sol*, sçavoir, la Finale *Ré* pour le premier & le second TON, *Mi* pour le troisiéme & quatriéme TON, *Fa* pour le cinquiéme & sixiéme TON, & *Sol* pour le septiéme & huitiéme TON.

D. Pourquoi chaque TON n'a-t-il pas sa Finale particulière ?

R. C'est que dans les huit TONS, quatre sont *Authentiques* & quatre sont *Plagaux*. Chaque TON *Authentique* a son *Plagal* qui lui est compair, & ils ont tous deux la même Finale.

Les quatre TONS *Authentiques* sont le premier, le troisiéme, le cinquiéme & le septiéme. Les *Plagaux* sont les second, quatriéme, sixiéme & huitiéme, de sorte qu'après le premier TON, qui est *Authentique*, vient le second qui est son *Plagal*. Après le troisiéme, *Authentique*, vient le quatriéme qui est son *Plagal*. Après le cinquiéme, *Authentique*, vient le sixiéme, qui est son *Plagal*. Après le septiéme, *Authentique*, vient le huitiéme, qui est son *Plagal*. C'est ce qui fait que les quatre TONS *Authentiques* sont aussi appellés *Tons Impairs*, & les quatre *Plagaux* sont nommés *Tons Pairs*, eu égard à leur place dans l'ordre des nombres.

Les uns & les autres renferment leurs Modulations ordinaires dans l'Intervalle d'une *Octave*, c'est-à-dire de huit sons. Mais les quatre TONS *Authentiques* sont ceux dont la *Tonique* occupe à-peu-près le plus bas degré du Chant, pour avoir plus d'étendue dans le haut ; & si au contraire le Chant descend jusqu'à trois degrés plus bas que la *Tonique*, alors le TON est *Plagal.*

D. Est-il indispensable de sçavoir bien distinguer les TONS *Authentiques* d'avec les TONS *Plagaux* pour bien chanter ?

R. Oui, cela est absolument nécessaire, surtout

tout à ceux qui sont destinés à fixer le Ton du Chœur ; (tels sont les Chantres & les Choristes) car si le Chant est dans un TON *Plagal*, ils doivent prendre la Finale à-peu-près dans le *medium* de la voix ; & s'il est *Authentique*, ils doivent la prendre dans le bas de la voix ; sans cette observation, on expose les voix à se forcer pour crier dans le haut, ou à n'être point entendues dans le bas, sur-tout si les expressions du Chant avoient engagé les Compositeurs à passer de quelques Notes l'étendue de l'Octave dans le haut ou dans le bas.

DES TONS MIXTES.

D. Vous venez de dire que chaque TON devoit resserrer ses Modulations dans l'Intervalle d'une Octave, y a-t-il donc des cas où il soit permis de l'outre-passer ?

R. J'ai dit que, pour l'ordinaire, chaque TON devoit être ainsi resserré dans ses bornes : on regarderoit même comme mauvais Compositeur quiconque s'écarteroit trop de ce principe : mais il est permis de donner quelquefois aux expressions vives & sensibles, quelques Notes de plus dans le haut, ou dans le bas. On passe alors de l'*Authente* au TON *Plagal*, ou du *Plagal* à l'*Authente* ; c'est ce qu'on appelle un Chant composé dans un TON *Mixte*, parce qu'il participe à l'étendue des deux genres de TONS.

D. Quel sera donc le nom numéral de la Piéce composée dans un TON *Mixte* ?

R. On lui donnera la dénomination du TON qui dominera le plus & qui se fera sentir davantage, sur-tout à la fin de la Piéce; cette question d'ailleurs ne regarde pas celui qui chante, mais le Compositeur qui est obligé de l'indiquer au commencement de la Piéce.

DE CHAQUE TON EN PARTICULIER.

Du IER TON.

D. Donnez-moi une courte explication de l'étendue & des progressions de chaque TON en particulier?

R. Le premier TON est dans le Mode Mineur, c'est-à-dire, qu'il a sa Tierce composée d'un *Ton* & d'un *sémi-Ton*, cette Tierce est *Directe*, parce que le second des deux Degrés qui la forme est un *sémi-Ton.* Il est l'*Authente* & l'*Impair* du second TON. Il commence son *Octave* au *Ré* d'en bas, & la termine au *Ré* d'en haut; c'est-à-dire que son Chant roule entre ces deux Notes *Ré* & *Ré.* Sa *Médiante* est à sa Tierce *Fa*, sa *Dominante* à sa Quinte *La*, sa Finale est à la Note *Ré.*

EXEMPLE

De l'étendue de ce TON, des Notes essentielles à sa Modulation, & de la Clef qui lui est propre.

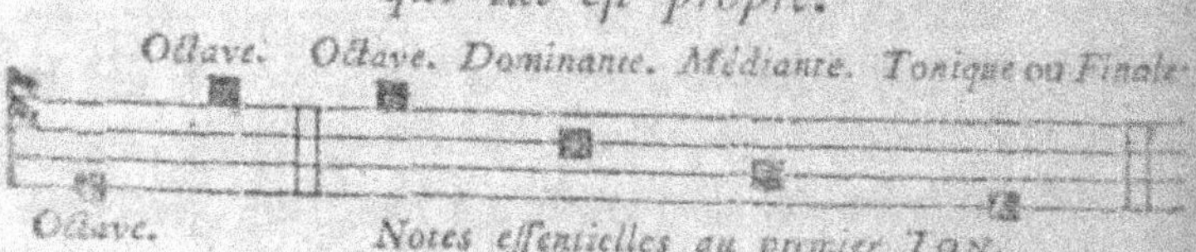

Du II. TON.

Le second TON est dans le Mode Mineur, parce que sa Tierce est dans le même genre que celle du premier TON. Son Octave commence au *La* d'en bas, & se termine au *La* d'en haut. Sa *Dominante* est à sa Tierce *Fa*. Tous les Plagaux ont ainsi leur Dominante en dedans de leur *Quinte*, plus ou moins éloignée de la Finale. Sa *Finale* est en *Ré*.

EXEMPLE

De l'étendue de ce TON, des Notes essentielles à sa Modulation, & de la Clef qui lui est propre.

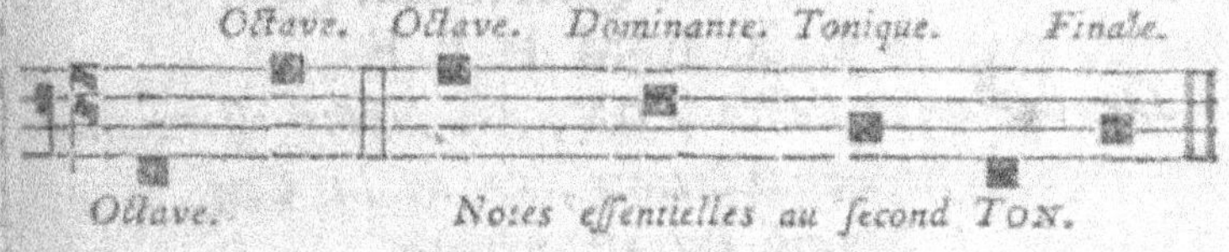

Du III. TON.

Le troisiéme TON est dans le Mode *Mineur* inverse, parce que le premier des deux Degrés qui forme sa Tierce est un *sémi-Ton*; il est l'*Authente* & l'*Impair* du quatriéme TON : son *Octave* commence au *Mi* d'en bas, & finit au *Mi* au-dessus; sa Dominante est à la Sixte *Ut*. C'est de tous les TONS celui dont la Dominante est la plus éloignée de sa Finale qui est en *Mi*.

EXEMPLE

De l'étendue de ce TON, *des Notes essentielle à sa Modulation, & de la Clef qui lui est propre.*

Octave. Octave. Dominante. Médiante. Finale.

Octave. *Notes essentielles au troisiéme* TON.

Du IV. TON.

Le quatriéme TON est aussi dans le *Mode Mineur inverse* comme le troisiéme. Il est le *Plagal* & le *Pair* du troisiéme. Son *Octave* commence au *Si* d'en bas & finit au *Si* au-dessus. Il varie son Chant depuis la Quarte au-dessous de sa Finale *Mi*, & monte jusqu'à la Quinte au-dessus; sa *Dominante* est à la Quarte *La*.

EXEMPLE

De l'étendue de ce TON, *des Notes essentielles à sa Modulation, & de la Clef qui lui est propre.*

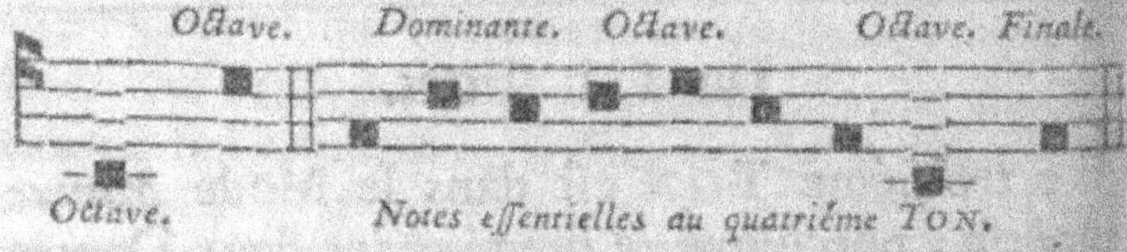

Du V. TON.

Le cinquiéme TON est dans le *Mode Majeur*, c'est-à-dire, que sa Tierce est composée de deux *Tons* pleins, il est l'*Authente* & l'*Impair* du sixiéme TON : son *Octave* commence au *Fa* qui eſt ſa Finale, & ſe termine au *Fa* au-deſſus; ſa *Dominante* eſt à la Quinte *Ut*; ſa *Médiante* eſt à la Tierce *La* de la Finale. Pour éviter le *Triton* qui ſe trouveroit du *Fa* au *Si*, on y met ſouvent le *Bé-mol* à la Clef.

EXEMPLE

De l'étendue de ce TON, *des Notes eſſentielles à ſa Modulation, & de la Clef qui lui eſt propre.*

Octave. *Dominante. Médiante. Finale.*

Octave. *Notes eſſentielles au cinquiéme* TON.

Du VI. TON.

Le ſixiéme TON eſt dans le *Mode Majeur;* il eſt le *Plagal* & le *Pair* du cinquiéme; ſon *Octave* commence à l'*Ut* au-deſſous de ſa Finale qui eſt en *Fa*, & ſe termine à l'*Ut* au-deſſus; ſa *Dominante* eſt à la Tierce *La*. Pour éviter le *Triton*, on y met le *Bé-mol* à la Clef.

EXEMPLE

De l'étendue de ce TON, *des Notes eſſentielles à ſa Modulation, & de la Clef qui lui eſt propre.*

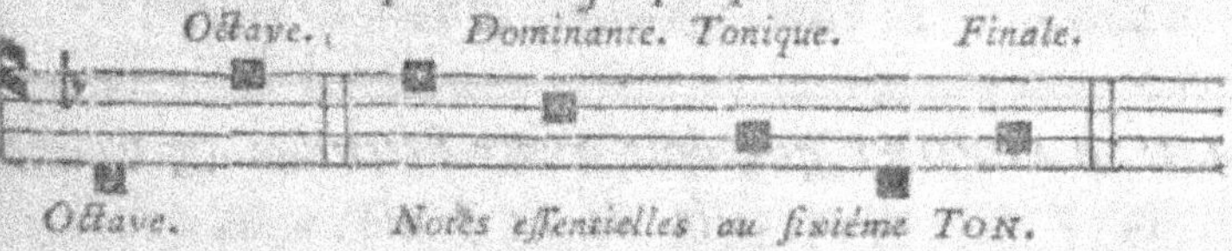

Du VII. TON.

Le ſeptiéme TON eſt dans le *Mode Majeur;* il eſt l'*Authente* & l'*Impair* du huitiéme; il a ſon *Octave* depuis le *Sol* d'en bas qui eſt la Finale, juſqu'au *Sol* de deſſus; ſa *Dominante* eſt à la Quinte *Ré*.

EXEMPLE

De l'étendue de ce TON, des Notes eſſentielles à ſa Modulation, & de la Clef qui lui eſt propre.

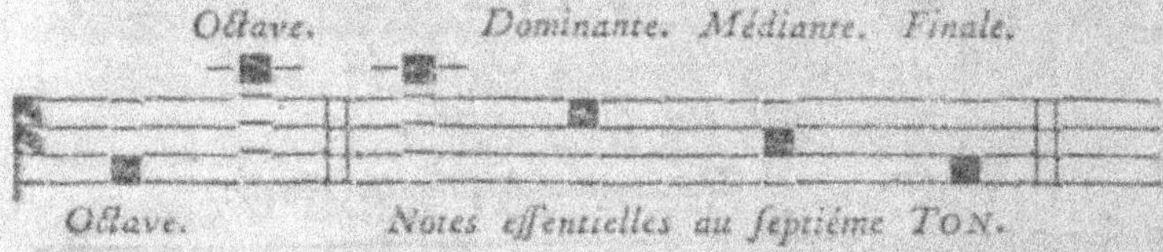

Du VIII. TON.

Le huitiéme TON eſt dans le *Mode Majeur;* il eſt le *Plagal* & le *Pair* du ſeptiéme; ſon *Octave* commence au *Ré* d'en bas, & ſe termine au *Ré* de deſſus; ſa Finale eſt au *Sol;* ſa *Dominante* eſt à la Quarte *Ut* au-deſſus de ſa Finale.

EXEMPLE

De l'étendue de ce TON, des Notes eſſentielles à ſa Modulation, & de la Clef qui lui eſt propre.

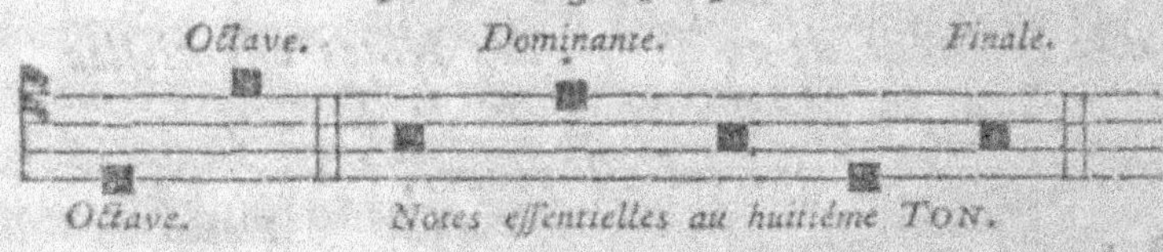

DU RAPPORT que doit avoir l'étendue du Chant avec celle de la Voix.

D. N'eſt-il pas néceſſaire d'approprier l'étendue de chaque TON à celui de la Voix?

R. Oui; ſans cela on riſqueroit de forcer les Voix

Voix dans le bas comme dans le haut, c'est pourquoi on a établi le principe de porter rarement la Modulation d'un TON en Plain-Chant, au-delà de l'Octave qui lui est propre, parce que l'Intervalle de l'Octave ne surpasse point l'étendue des Voix les plus communes. Il suffit donc, pour seconder cette précaution, que celui qui veut chanter commence par connoître l'étendue de sa voix, afin de s'accoutumer à saisir le *Terme Grave* du TON dans lequel il chante, & qu'il en traverse facilement l'Octave pour arriver au *Terme Aigu*. *Voyez les Exemples des Transpositions aux pages* 71 & 72.

D. Qu'entendez-vous par le *Terme Grave* & le *Terme Aigu* d'un TON?

R. Par le *Terme Grave*, j'entends le *son* qui termine l'étendue de l'Octave du TON dans le bas; &, par le *Terme Aigu*, le *son* que produit l'Octave de ce même *son* dans le haut. Par exemple, on a dit, ci-devant, que le premier TON commençoit son Octave au *Ré* d'en bas, & la terminoit au *Ré* d'en haut; c'est comme si l'on avoit dit: Le premier TON a pour *Terme Grave* le *Ré* d'en bas, & pour *Terme Aigu* l'Octave de cette même Note *Ré* dans le haut, & ainsi des autres TONS.

EXEMPLE

Terme Aigu. *Du* 1er *TON.* *Du* 2d. *Du* 3me. *Du* 4me.

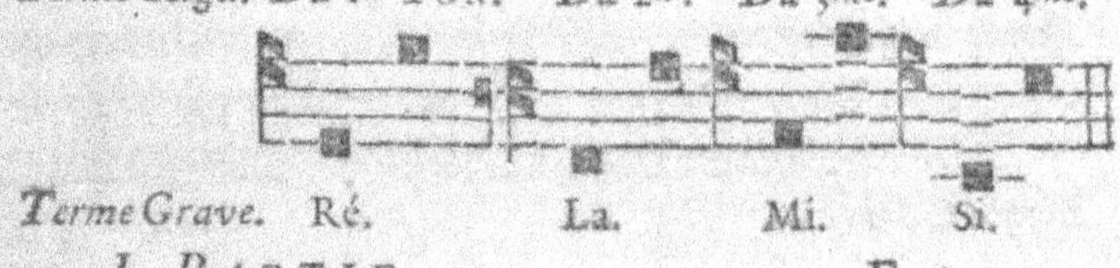

Terme Grave. Ré. La. Mi. Si.

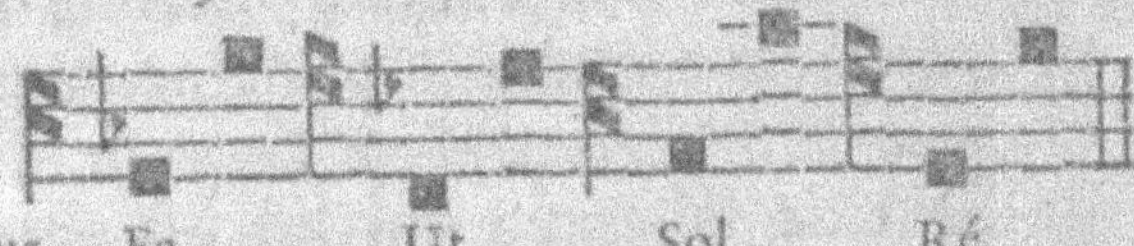

D. Je conçois parfaitement que tous les TONS ont à-peu-près la même étendue entr'eux, quant à leurs progreſſions ; mais ne ſera-t-on pas arrêté par les changemens de Clef ? & comment pourroit-on faire pour ne pas perdre l'équilibre dans les proportions & l'étendue de la voix qui ſeroient une fois bien établies ?

R. Les changemens de Clef ne mettront aucun obſtacle à cela, ſi celui qui chante connoît parfaitement le *Terme Grave* de chaque TON, parce qu'alors il tranſportera le ſon de la Note, qui eſt le *Terme Grave* de la Piéce qu'il quitte, ſur celui du *Terme Grave* de la Piéce qui ſuit, & chantera ainſi toutes les Piéces comme ſi elles étoient ſur un même *Uniſſon*.

EXEMPLE

Des Termes Graves & des Termes Aigus de chaque TON, *tels qu'on doit les ſuppoſer pour conſerver entr'eux, un même Uniſſon.*

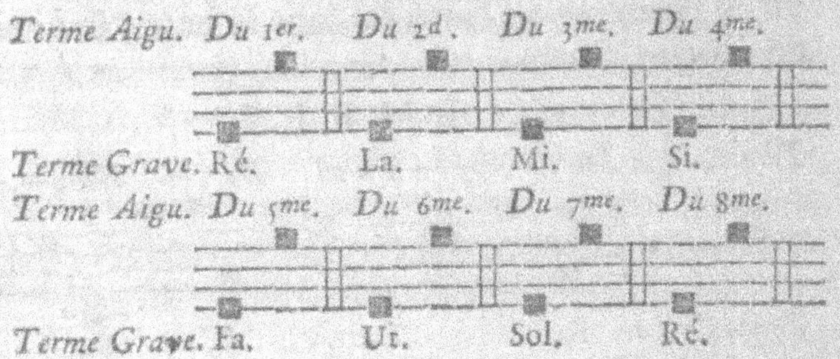

DU GRADUEL DE LA MESSE,
Avec l'*Alleluia.*

D. N'en uſe-t-on pas autrement dans certains cas pour garder l'Uniſſon entre deux Piéces chantées de ſuite ?

R. Oui; pour faciliter le paſſage du ℣. *Graduel* de la Meſſe au ℣. *Alléluiatique*, on a ſuivi dans la compoſition une Régle qui rendra l'exécution de ces deux Piéces, aiſée dans la pratique.

D. Expliquez-moi cette Régle ?

R. On a eu ſoin de choiſir pour ces deux Piéces, des TONS qui ont un parfait rapport entr'eux, quant à l'étendue de leurs *progreſſions*, & quant à leurs *Notes Finales* qui ſe rencontrent ſur la même Ligne ou dans le même Eſpace de Ligne, afin que, finiſſant le ℣. *Graduel*, on prenne facilement la Note Tonique du ℣. *Alléluiatique* à l'*Uniſſon* de la Finale du *Graduel;* tels ſont, par exemple, le premier TON qui eſt du Mode *Mineur*, avec le cinquiéme qui eſt du Mode *Majeur;* & de même le ſecond TON avec le ſixiéme, le troiſiéme avec le ſeptiéme, & le quatriéme avec le huitiéme; de ſorte qu'avec un peu d'habitude & la précaution néceſſaire de changer ſeulement de *Mode* en changeant de Piéce, on réuſſira très-certainement; c'eſt-à-dire que ſi le *Graduel* eſt dans le *Mode Majeur*, le mot *Alleluia* ſera dans le *Mode Mineur;* &, ſi au contraire le *Graduel* eſt dans le *Mode Mineur*, le mot *Alleluia* ſera dans le *Mode Majeur.*

EXEMPLE

Des TONS *qui peuvent se rapporter quant à l'étendue & quant à leurs Finales.*

D. Pourquoi ne trouve-t-on point le rapport entre la Finale du quatriéme TON & celle du huitiéme, tel qu'on le remarque entre les Finales du premier avec le cinquiéme, du second avec le sixiéme, & du troisiéme avec le septiéme ?

R. C'est que le quatriéme TON & le huitiéme ont tous deux la même Clef, quoique leurs Notes Finales soient à une Tierce de différence; il n'étoit donc pas possible de les faire rencontrer à l'*Unisson* sur la Portée du Chant, à moins que de changer de Clef l'un de ces deux Tons; ce que les Auteurs du Chant auroient dû faire; mais, induits en erreur par l'usage, ils sont tombés dans le même défaut que ceux qui ont copié jusqu'à eux.

D. De quelle Clef auroit-on pû se servir pour mettre le quatriéme Ton à l'Unisson du huitiéme dans sa Note Finale?

R. De la Clef de *Fa* sur la troisiéme Ligne, telle qu'on l'emploie pour le second Ton; & c'est ainsi qu'il faut la supposer placée, afin de réussir à passer facilement du quatriéme Ton au 8me.

Du 4me Ton. EXEMPLE. *Du 8me Ton*.

Mi. Mi. *Mi & Sol. Unisson.* Sol. Sol.

D. Ceux qui n'auront point un usage suffisant du Chant pour observer cette transposition, quoique facile, comment doivent-ils faire?

R. Ils suivront simplement les Notes telles qu'elles sont, relativement à la position des Clefs; mais néanmoins ils mettront ces deux Finales *Mi* & *Sol* sur le même Unisson, c'est-à-dire qu'ils porteront le *son* de la Note *Mi* sur celui de la Note *Sol*, en quittant le quatriéme Ton pour passer au huitiéme; & porteront également le *son* de la Note *Sol* sur celui de la Note *Mi*, lorsqu'ils passeront du huitiéme Ton au quatriéme, en observant toujours l'alternative du Mode *Majeur* avec le *Mineur*, ou du *Mineur* avec le *Majeur*, ainsi qu'on l'a dit ci-dessus.

DE L'UNISSON DANS LA PSALMODIE.

D. En est-il de même pour établir l'*Unisson* dans la *Psalmodie* ?

R. Non ; l'*Unisson*, dans la Psalmodie, ne se régle pas sur l'Octave, ni sur la Finale du TON, mais sur la *Dominante.* C'est pourquoi il faut supposer cette Dominante, en chacun des TONS, sur une même Ligne, tel qu'on le suppose par l'Exemple suivant :

EXEMPLE

Des Dominantes des 1er, 5me & 7me TONS, posées sur une même Ligne qui représente le siége de l'Unisson.

1er TON. Dom. en La. 5me TON. Dom. en Ut. 7me TON. Dom. en Ré.

Dixit Dominus. Dixit Dominus. Dixit Dominus, &c.

D. Ne doit on pas quelquefois faire des différences dans l'établissement de l'*Unisson* ?

R. Oui ; on doit distinguer l'*Unisson* de la Psalmodie, en l'élevant davantage les jours de grande solemnité. Cette différence est ordinairement du *Fa* au *La* dans les Eglises Paroissiales ; & du *Ré* au *Fa* dans les Eglises où la Psalmodie est soutenue par des *Basse-Contres* : les Voix, par ce moyen, seront toujours dans leur sphère.

DES TRANSPOSITIONS
A l'usage des ORGANISTES & des SERPENTS.

D. Ne seroit-il pas à propos que les Organistes & les Serpents eussent des régles invariables pour les *Transpositions* qu'exigent, de leur part, toutes les Piéces qui sont chantées par le Chœur, & reprises alternativement par l'Orgue ?

R. Oui ; il est fort intéressant pour le soulagement des voix, qu'ils s'accoutument à substituer aux TONS du *Plain-Chant* ceux de la *Musique* qui y ont plus de rapport, & toujours relativement à l'étendue des voix qui soutiennent le Chant des Eglises où ils exercent leur talent ; c'est pourquoi nous indiquerons ici les *Transpositions* convenables aux Eglises où il y a *Musique*, & à celles où il n'y en a point.

D. Pourquoi les *Transpositions* ne seroient-elles pas les mêmes dans toutes les Eglises ?

R. A cause que, dans les Eglises où il y a *Musique*, le Plain-Chant est exécuté par des *Basse-Contres* qui ont le Diapason de la voix dans le bas ; & que, dans les Eglises où il n'y a point de *Musique*, il l'est par des *Tailles* ou *Concordans* qui ont le Diapason de la voix dans le haut.

EXEMPLE

Des Transpositions que doivent observer les ORGANISTES *& les* SERPENTS *dans le rapport des* TONS *de la Musique, en la place de ceux du Plain-Chant, pour les Eglises où il y a Musique.*

TONS *du Plain-Chant.*			TONS *de l'Orgue.*
Le I. . .	*en* Ré,	*Transposé*	*en* A Mi La, 3ce *Min.*
Le II. . .	*en* Ré,	*Conservé*	*en* D La Ré, 3ce *Min.*
Le III. .	*en* Mi,	*Transposé*	*en* B Fa Si, 3ce *Min.*
Le IV. .	*en* Mi,	*Transposé*	*en* D La Ré, 3ce *Min.*
Le V. . .	*en* Fa,	*Transposé*	*en* B Fa Si, ♭ 3ce *Maj.*
Le VI. .	*en* Fa,	*Transposé*	*en* D La Ré, 3ce *Maj.*
Le VII..	*en* Sol,	*Transposé*	*en* C Sol Ut, 3ce *Maj.*
Le VIII.	*en* Sol,	*Transposé*	*en* D La Ré, 3ce *Maj.*

EXEMPLE

Pour les Eglises où il n'y a point de Musique.

TONS *du Plain-Chant.*		TONS *de l'Orgue.*
Le I. . . .	*en* Ré, *Conservé*	*en* D La Ré, 3ce *Min.*
Le II. . .	*en* Ré, *Transposé*	*en* G Ré Sol, 3ce *Min.*
Le III. .	*en* Mi, *Conservé*	*en* E Si Mi, 3ce *Min.*
Le IV. .	*en* Mi, *Conservé*	*en* E Si Mi, 3ce *Min.*
Le V. . .	*en* Fa, *Transposé*	*en* D La Ré, 3ce *Maj.*
Le VI. .	*en* Fa, *Conservé*	*en* F Ut Fa, 3ce *Maj.*
Le VII. .	*en* Sol, *Transposé*	*en* D La Ré, 3ce *Maj.*
Le VIII.	*en* Sol, *Conservé*	*en* G Ré Sol, 3ce *Maj.*
	ou *Transposé*	*en* F Ut Fa, 3ce *Maj.*

D. N'auroit-il pas été possible de réduire encore ces huit TONS à une moindre étendue, en mettant à l'*Unisson* la Note *Aiguë* de chaque TON, ou, si l'on veut, la Note *Dominante*?

R. Oui; mais, comme on n'a point trouvé que l'étendue des TONS, ainsi réglée pour toutes les Eglises, excédât celle de la voix humaine, on n'a pas jugé à propos d'employer des *Transpositions* plus difficiles que celles-ci qui sont d'usage. Au reste, les Organistes qui ne s'effrayeront pas des difficultés, pourront agir à leur volonté; pourvu toutefois qu'ils sçachent étudier le *Diapason* des Voix avec lesquelles ils ont l'alternative. Il en est de même pour les autres Instrumens employés à l'exécution du Plain-Chant.

LEÇONS

LEÇONS

PROPRES A FORMER LA VOIX.

LEÇONS PROPRES A FORMER LA VOIX.

GAMMES OU OCTAVES.

LA quantité de Gammes que l'on donne ici, paroîtra peut-être ennuyeuse; mais l'expérience nous a prouvé dans tous les tems, que plus les Elèves s'étoient familiarisés avec ces sortes de Leçons, plus ils avoient eu de facilité à passer aux autres Piéces de Chant.

GAMME

Dans le Mode Majeur,

par Degrés conjoints.

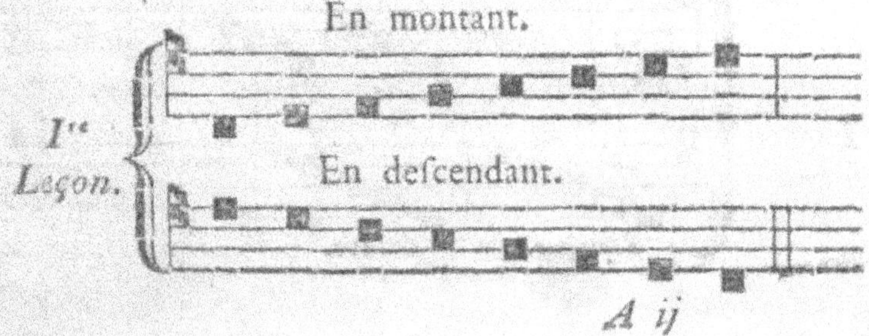

Par les Intervalles de Seconde, en montant.

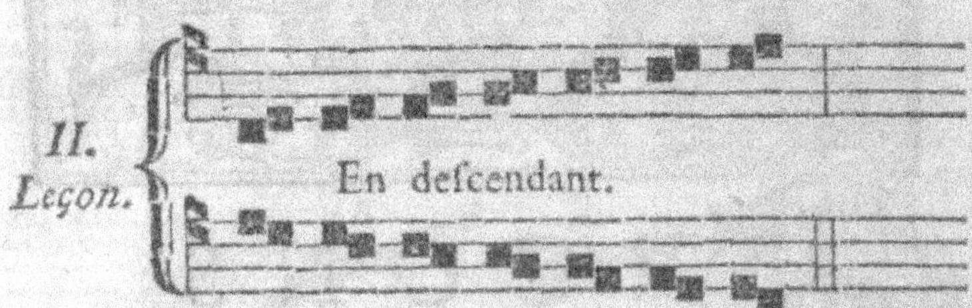

Par les Tierces conjointes, en montant.

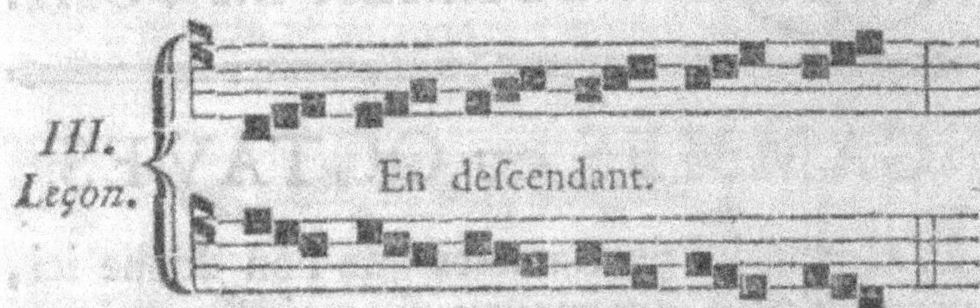

Par les Quartes conjointes, en montant.

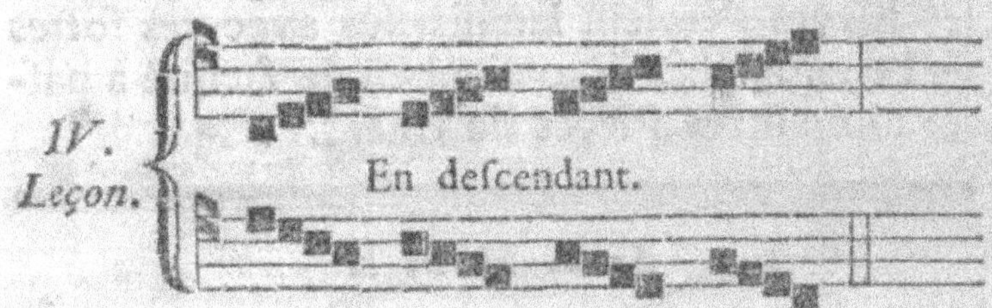

Par les Intervalles conjoints, en montant.

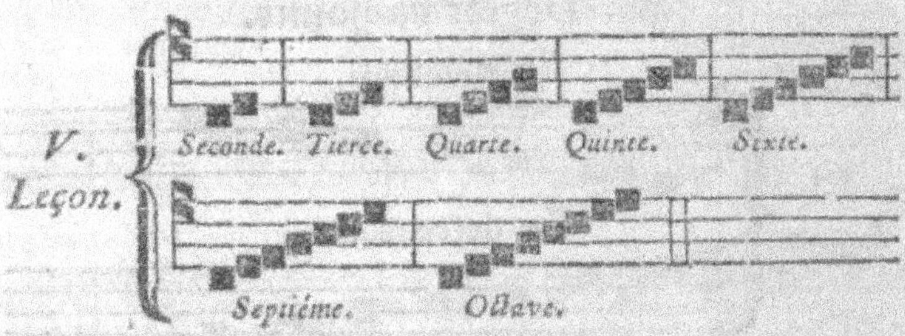

En descendant.

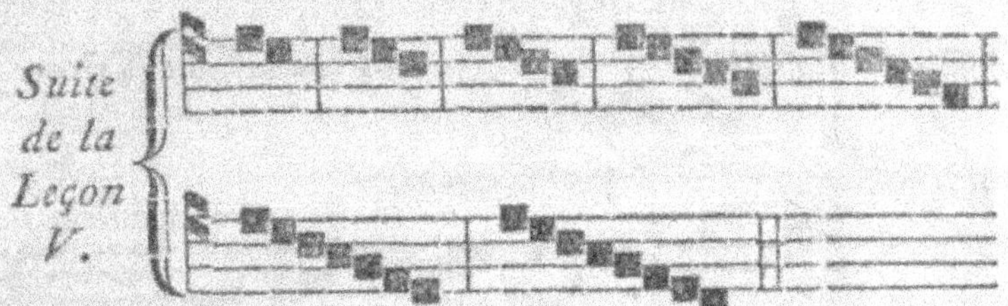

Par tous les Intervalles conjoints & disjoints,

excepté la septiéme, à cause de sa difficulté :

En montant.

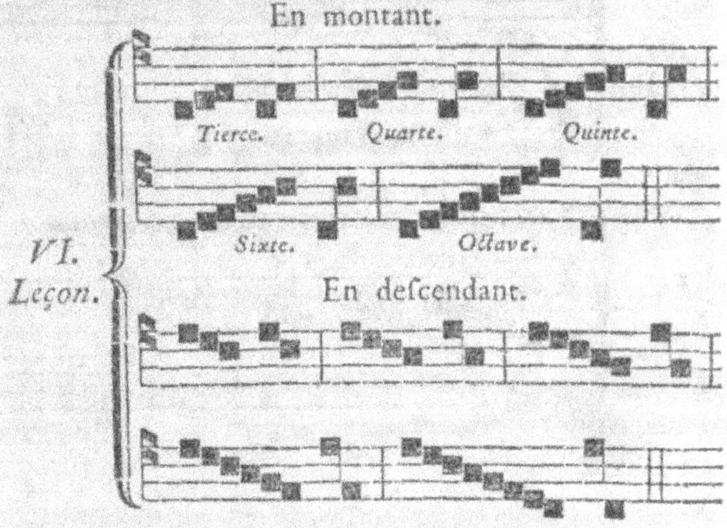

Par les Tierces disjointes.

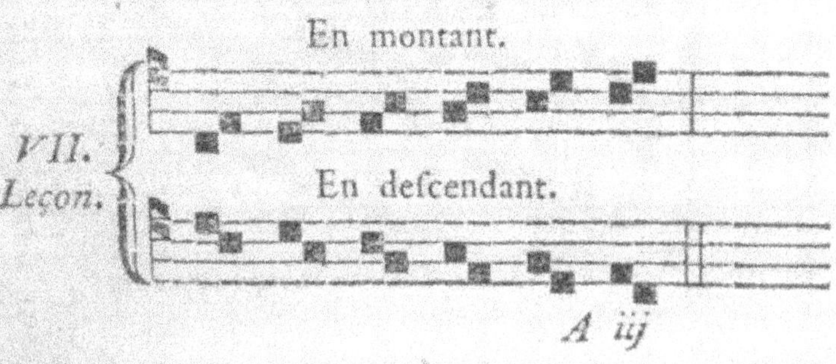

Par les Quartes disjointes,

excepté la quatrième, à cause de la dureté du Triton, *qu'elle forme :*

En montant.

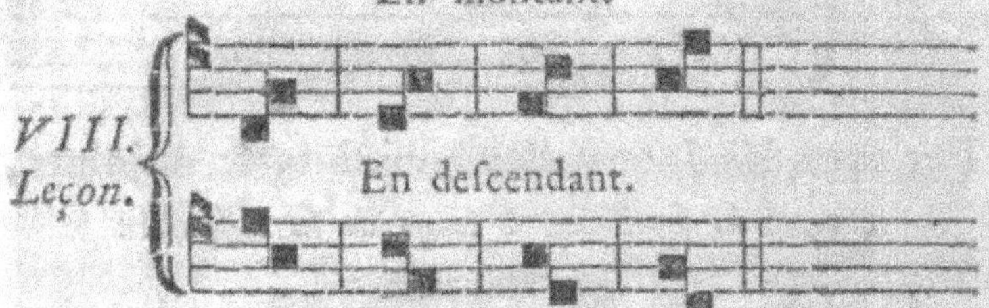

Par les différents Intervalles disjoints de la Gamme.

En montant.

AUTRES GAMMES,

Dans le même Mode ;

Pour habituer les Elèves à faire uſage de la Clef d'*Ut* ſur la troiſiéme ligne, avec le *Bémol* à la Clef. Toutes les Notes qui ſeroient nommées *Si*, ſeront, à cauſe du *Bémol*, changées en *Za*, avec l'attention de les baiſſer d'un ſémi-Ton.

Par degrés conjoints.

Fa Sol La Za Ut Ré Mi Fa, Fa Mi Ré Ut Za La Sol Fa.

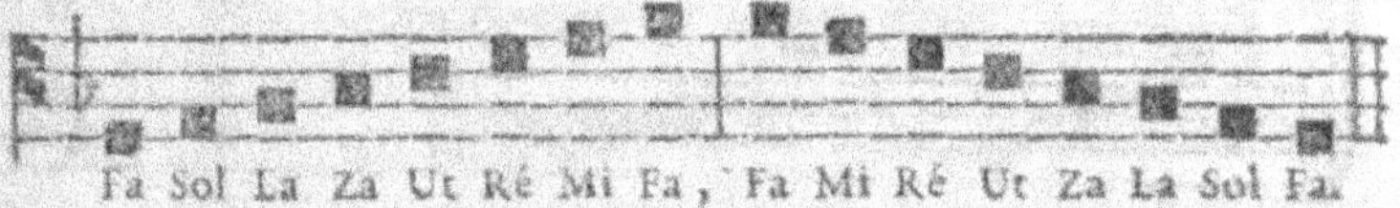

EXEMPLE.

De la même Clef qu'on fera tranſpoſer aux Elèves par le moyen du *Bémol* qui engendre la Clef d'*Ut* ſur la première ligne, en leur faiſant remarquer que le Degré ſémi-Tonique du *Mi* au *Fa* remplace l'effet que produiroit le *Bémol* ſur le *Si* : & ainſi on peut leur faire chanter alternativement les Gammes ſuivantes, tantôt en ſe ſervant des Notes indiquées par la Clef armée du *Bémol*, & tantôt par celle qu'on peut lui ſubſtituer par la Tranſpoſition.

Clef armée, Clef tranſpoſée.

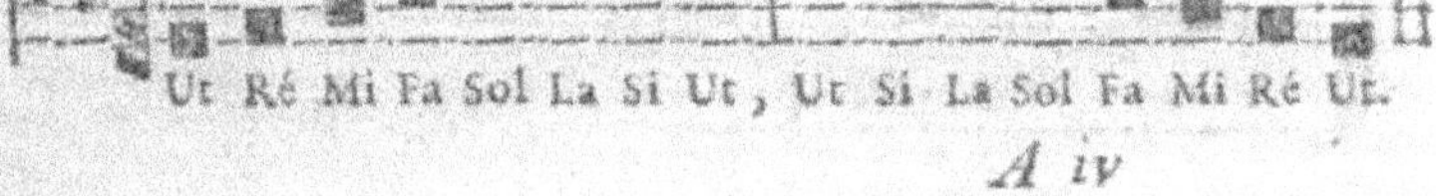

Ut Ré Mi Fa Sol La Si Ut, Ut Si La Sol Fa Mi Ré Ut.

Par les différents Intervalles conjoints.

En montant.

Par les différents Intervalles conjoints & disjoints,

à l'exception de la septième :

En montant.

AUTRES GAMMES,

Dans le Mode Mineur ;

Pour habituer les Elèves à faire usage de la Clef de *Fa*, comme ils l'ont fait des Clefs précédentes.

Par degrés conjoints.

En montant. En descendant.

Par les différents Intervalles conjoints.

En montant

Par les différents Intervalles conjoints & disjoints.

En montant.

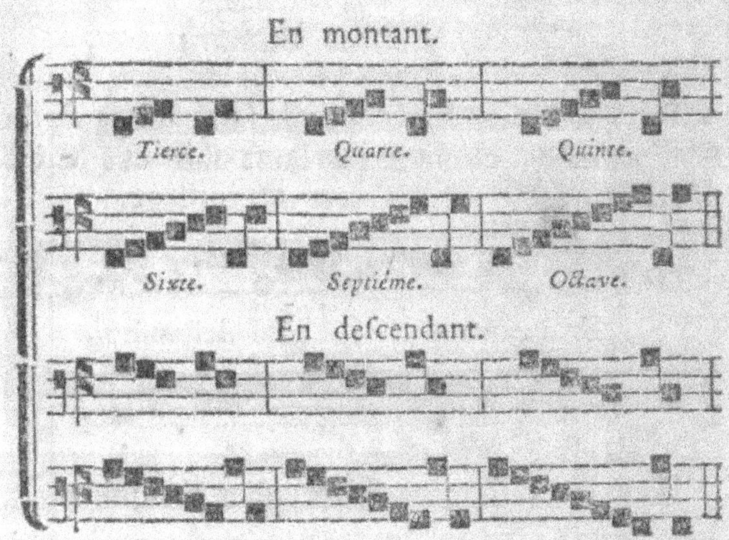

NEUMES,

Ou abrégé des Modulations les plus fréquentes dans chacun des TONS.

LES NEUMES ſuivants ne doivent être donnés pour Leçons que lorſque les Elèves ſçauront parfaitement les Gammes précédentes, & diſtinguer le Mode qui leur eſt propre.

On habituera les Elèves à rapporter à la fin des Leçons ſuivantes, ou autres Piéces, ceux de ces Neumes qui feront du même TON.

REMARQUES.

Quoiqu'on ait dit dans le cours des Principes ci-dessus, que les signes destinés à altérer ou augmenter le son des Notes, comme le *Dièse*, le *Bémol* ou le *Bé-quarre*, devoient se placer immédiatement avant la Note à laquelle ils appartiennent; il est néanmoins permis (lorsque cette Note qui doit être affectée se trouve dans le milieu d'une *Tirade*) de placer celui de ces signes qui lui appartient avant la *Tirade*, pour ne pas séparer les Notes qui doivent être liées, comme étant sensées appartenir à une même syllabe. (*Voyez la Planche ci-à-côté.*)

Après ces Leçons bien chantées, on mettra sous les yeux des Elèves, toutes sortes de Piéces de Chant; & quand ils solfieront à Livre ouvert, on leur fera supprimer les noms des Notes, pour y substituer les syllabes de la lettre. On choisira pour premières Leçons, les Piéces de Chant syllabiques, telles que les Proses

Victimæ Paschali,
Lauda, Sion,
Dies iræ. } *à la fin du Volume.*

LEÇONS

En HYMNES *mesurées.*

Ces Leçons achéveront de perfectionner les Elèves, en réunissant à la lecture du Chant

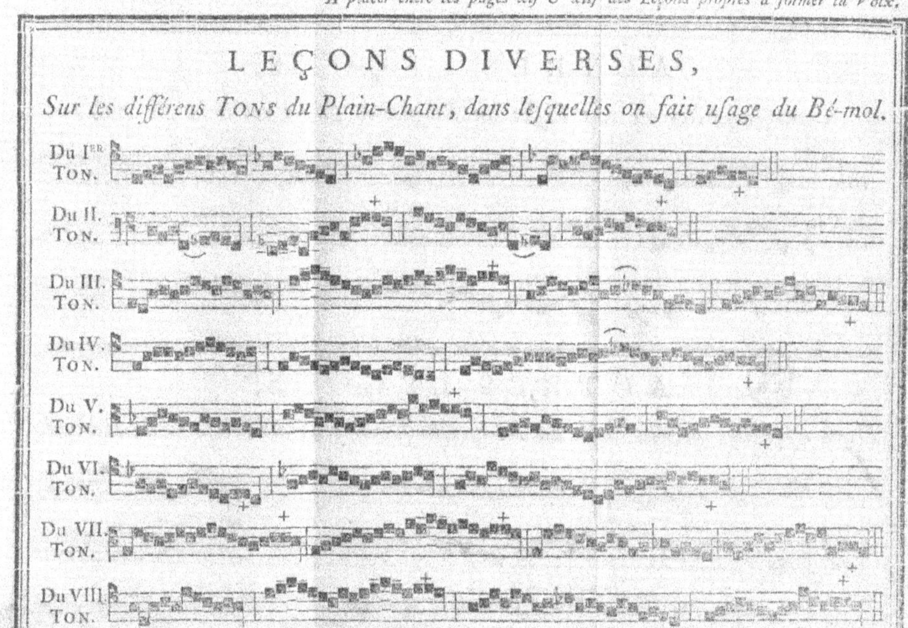
LEÇONS DIVERSES,
Sur les différens TONS du Plain-Chant, dans lesquelles on fait usage du Bé-mol.
Du IER TON.
Du II. TON.
Du III. TON.
Du IV. TON.
Du V. TON.
Du VI. TON.
Du VII. TON.
Du VIII. TON.

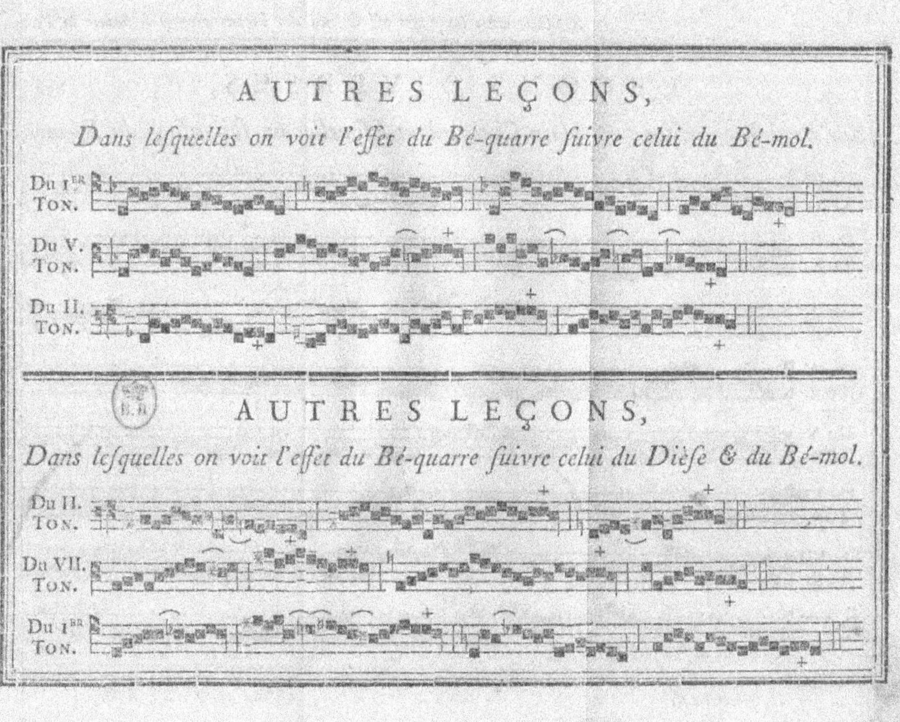
AUTRES LEÇONS,
Dans lesquelles on voit l'effet du Bé-quarre suivre celui du Bé-mol.
Du 1er Ton.
Du V. Ton.
Du II. Ton.
AUTRES LEÇONS,
Dans lesquelles on voit l'effet du Bé-quarre suivre celui du Dièse & du Bé-mol.
Du II. Ton.
Du VII. Ton.
Du 1er Ton.

N S,

vre celui du Bé-mol.

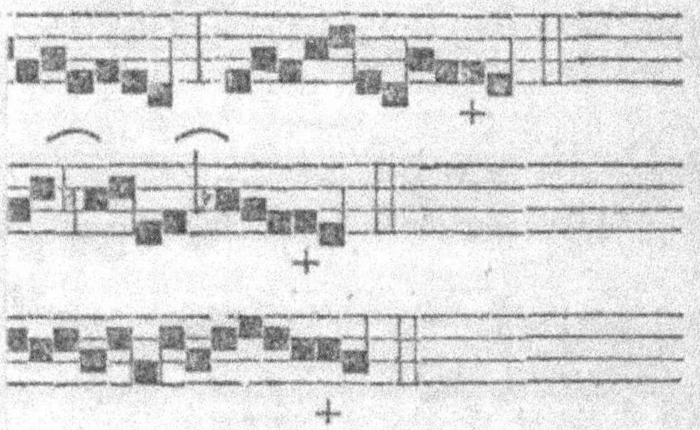

N S,

ii du Dièſe & du Bé-mol.

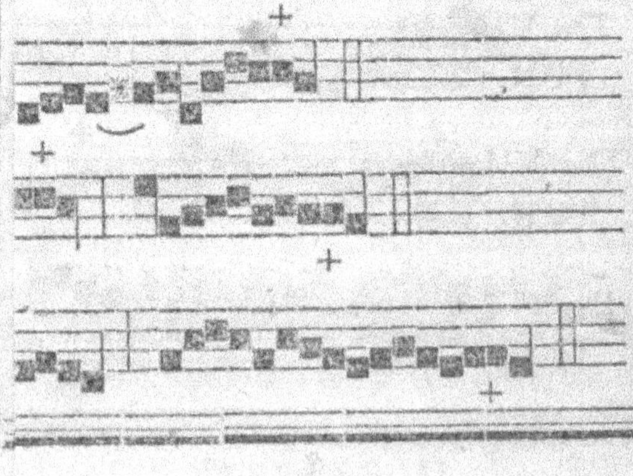

ordinaire, l'art de meſurer ou d'accorder la Meſure Poétique avec celle du Chant, ſelon l'exigence des différents Métres de la Poéſie employés dans les Offices de l'Egliſe.

EXEMPLES

De la MESURE *à deux Tems.*

Pour les Métres SAPHIQUE, ALCAÏQUE, ASCLÉPIADE, PHÉRÉCRACE & ALCMANE, qui ont été rangés ſous cette MESURE.

Pour le Métre SAPHIQUE.

Chant de l'Hymne des II. Vépres de l'Epiph. du 2.

L'Intonation ſe termine à la double-barre.

Pour le Métre ALCAÏQUE.

Chant de l'Hymne des II. Vépres de l'Aſcenſ. du 1.

On ſe ſouviendra qu'il ne faut avoir égard

qu'aux demi-barres pour l'expression de la *Mesure*; & que les barres entieres, c'est-à-dire, celles qui traversent la Portée du haut en bas, & qui se trouvent quelquefois dans le centre d'une *Mesure*, marquent la fin de chaque Vers, où se trouvent les repos du Chant; par conséquent c'est sur ces barres entieres qu'il faut faire aussi les repos pour la voix, sans cependant interrompre la Mesure.

Pour le Métre ASCLÉPIADE.

Chant de l'Hymne des I. Vêpres de la Pentecôte, du I.

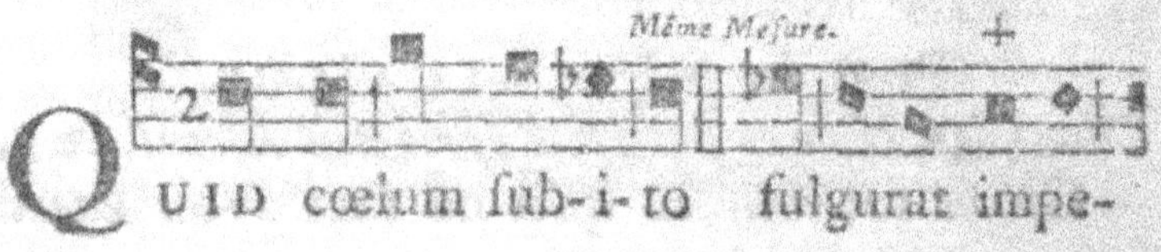

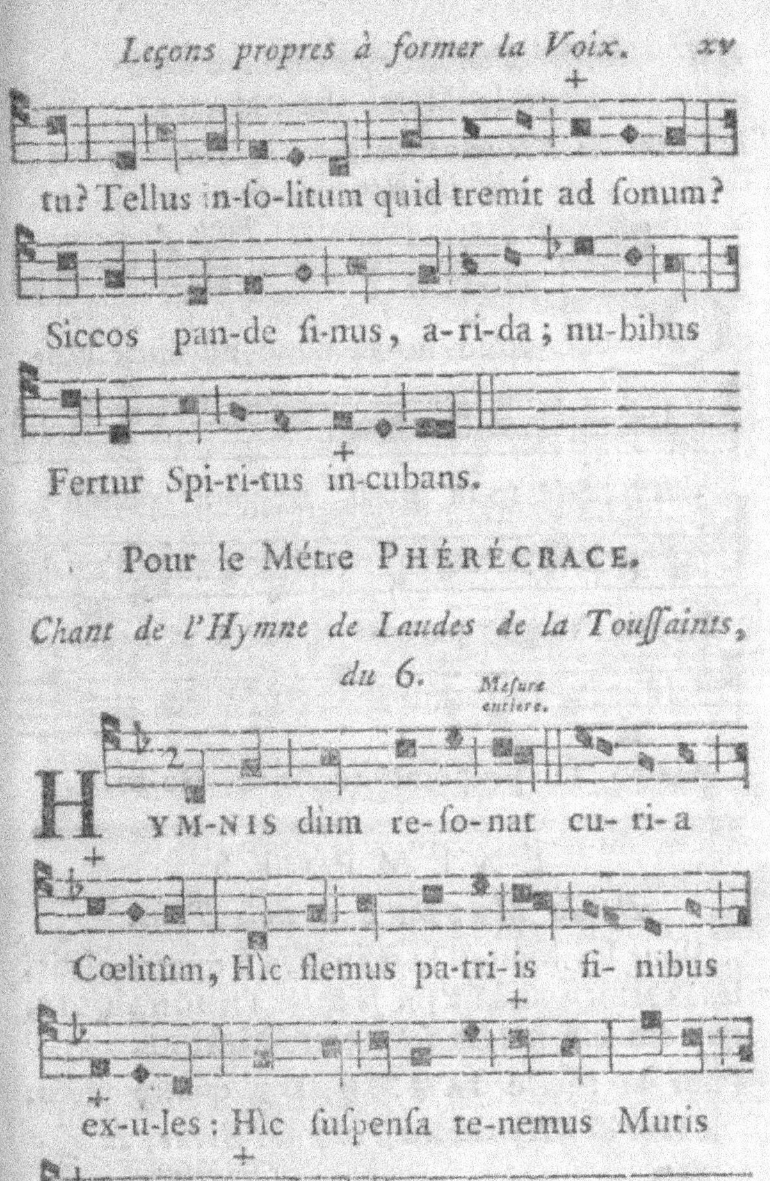

Pour le Métre PHÉRÉCRACE.

Chant de l'Hymne de Laudes de la Touſſaints, du 6.

Meſure entiere.

HYMNIS dùm re-ſo-nat cu-ri-a Cœlitùm, Hìc flemus pa-tri-is fi- nibus ex-u-les: Hìc ſuſpenſa te-nemus Mutis cantibus or-ga-na.

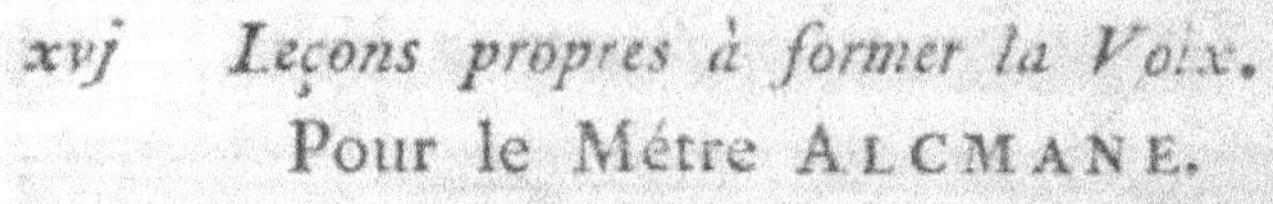

Pour le Métre ALCMANE.

Chant de l'Hymne du jour de l'Assomption, à Laudes, du 6.

EXEMPLES

De la MESURE à trois Tems.

Pour les Métres IAMBIQUES à quatre pieds, les IAMBIQUES à six pieds & les TROCHAÏQUES, qui ont été rangés sous cette MESURE.

Pour le Métre IAMBIQUE à quatre pieds.

Chant de l'Hymne du Tems de l'Avent, du 4.

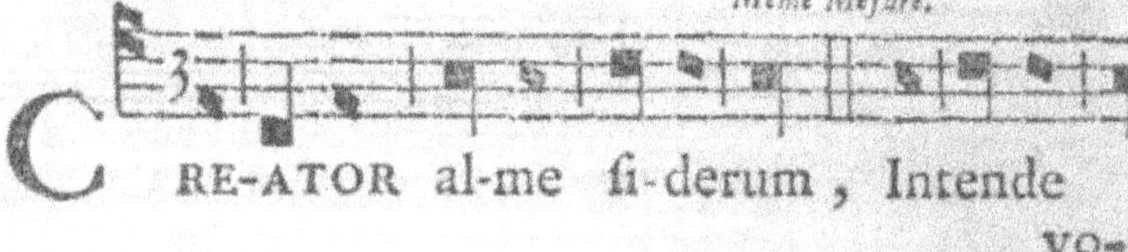

CREATOR al-me si-derum, Intende

vo-

vo-tis sup-plicum : Tu-æ memor clementi-
Même Mesure.
æ, Ve-ni, Redemptor om-nium.
Pour le Métre IAMBIQUE à six pieds.
Chant de l'Hymne des I. Vêpres de S. Pierre aux Liens, du I.
PE-TRUM, ty-ran-ne, quid ca-te-nis
ob-ru-is ? Jubesque condi car-ce-ris ni-
gro specu ? Quid trux sa-telles an-te limen
ex-cubat ? Carcer, sa-telles, vincla non Pe-
Même Mesure.
trum tenent.

Pour le Métre TROCHAÏQUE.

Chant de l'Hymne des II. Vêpres de la Dédicace, du 2.

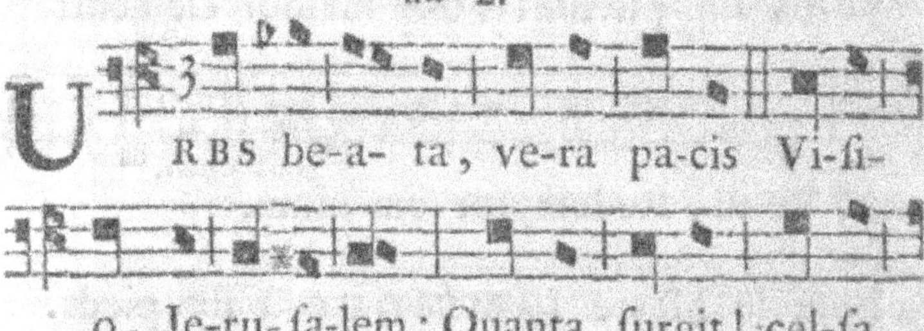

URBS be-a- ta, ve-ra pa-cis Vi-ſi-

o, Je-ru-ſa-lem : Quanta ſurgit ! cel-ſa

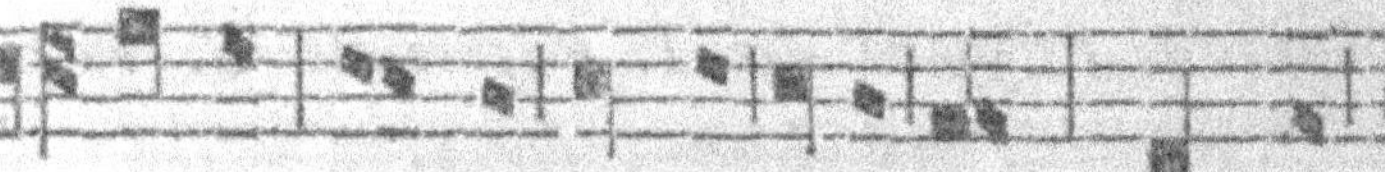

ſa-xis Con-di-tur viventi-bus : Quæ po-

li-vit, hæc co-aptat Se-di-bus ſu-is De-us.

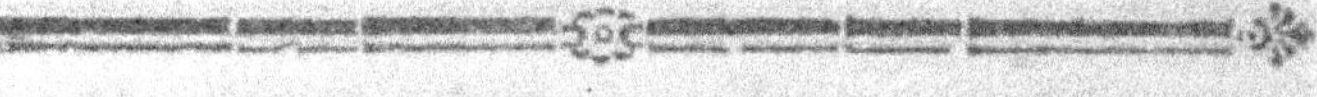

DE L'IMPOSITION.

DEMANDE. Qu'eſt-ce que l'Impoſition ?

RÉPONSE. L'Impoſition conſiſte en un ou pluſieurs mots qu'on eſt dans l'uſage de chanter immédiatement avant l'Intonation de chaque Pſeaume : & ces mots ſont toujours pris du commencement de l'Antienne appartenante au Pſeaume qu'il faut entonner.

D. Pourquoi a-t-on établi l'uſage des *Impoſitions* avant les Intonations des Pſeaumes ?

R. Pour trois raiſons : la premiére, pour

donner au Choriſte qui doit entonner le Pſeaume, le tems de le prévoir; la ſeconde, pour interrompre dans ſa mémoire l'impreſſion qui pourroit lui reſter du TON que l'on vient de quitter, afin qu'il s'occupe plus facilement de celui qui doit ſuivre; la troiſième, & enfin, pour le guider dans ſon *Intonation* par les *ſons* qu'on lui préſente à l'oreille, & l'aider à prendre juſte le TON de la *Dominante* du Chœur, & la Modulation propre au Pſeaume.

D. Que faut-il faire pour bien guider le Choriſte dans ſon *Intonation?*

R. Il faut imiter, autant qu'il eſt poſſible, dans le Chant de l'*Impoſition* celui que doit avoir l'Intonation du Pſeaume; c'eſt pourquoi, quiconque doit chanter une *Impoſition*, doit, avant, s'aſſurer du TON du Pſeaume, qui doit la ſuivre, afin de moduler en conſéquence le chant du *Mot* qu'il a à dire, ſur l'Intonation propre à ce TON.

D. S'il n'y a qu'un ſeul mot, & quelquefois qu'une ſeule ſyllabe pour ſervir à l'*Impoſition*, comment pourroit-on imiter ſur cette ſyllabe tout le Chant de l'Intonation?

R. Voici, à cet égard, la régle qu'on doit ſuivre: en conſidérant (comme on aura ſoin de le faire ſentir en parlant des conditions de la Pſalmodie) que les Notes les plus eſſentielles à l'intonation d'un Pſeaume ſont les trois premières & les deux dernières qui marquent la Médiante; on peut ſe contenter de ces cinq

Notes pour caractériser parfaitement l'*Imposition;* on en prouvera la facilité par l'Intonation du Cantique *Magnificat*, à chaque article des TONS.

D. Pourquoi le chant de ce premier *mot* de l'Antienne tel qu'il est noté à la suite de chaque Pseaume, ne pourroit-il pas servir à l'*Imposition?*

R. C'est que chaque commencement d'Antienne a une modulation relative à la *Finale* de la Psalmodie, & non à l'*Intonation;* on ne peut disconvenir qu'un chant relatif à l'une, ne peut s'adapter à l'autre; il est donc du bon ordre, & nécessaire de s'habituer à imiter le chant de l'*Intonation* dans celui de l'*Imposition;* la chose est d'autant plus facile que l'Intonation est invariable dans chacun des TONS, & qu'avec la seule connoissance des différentes Intonations, on peut se passer du secours des Livres de Chant pour moduler parfaitement toutes les Impositions.

IMPOSITIONS

Qui doivent précéder la Psalmodie dans chaque TON du Plain-Chant.

Quand l'*Imposition* précéde immédiatement l'*Intonation* d'un Pseaume, (soit qu'elle ne soit composée que d'une syllabe ou de plusieurs,) il faut, comme on le voit dans les exemples suivants, imiter le Chant de l'*Intonation* dans celui de l'*Imposition*.

Du Ier Ton.

Impositions qui annoncent l'Intonation de ce Ton.

4 Syllabes. *Pour le 1er en A ou D.*

Dabo vo- bis. Nos qui vi-vimus.

Intonation du Pseaume.

Du II. Ton.

Impositions qui annoncent l'Intonation de ce Ton.

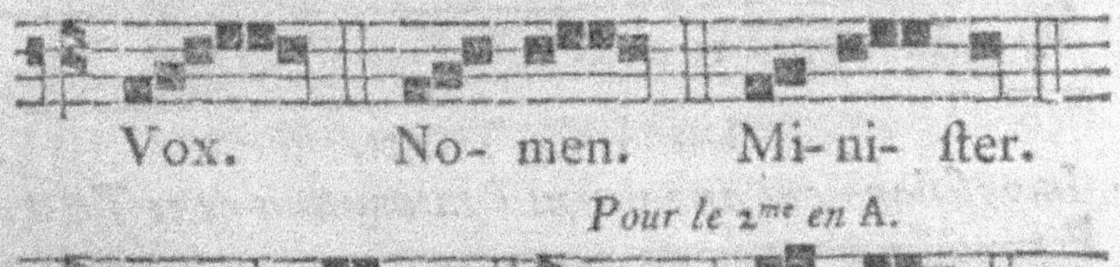

Pour le 2me en A.

Intonation du Pseaume.

Du III. TON.

Impositions qui annoncent l'Intonation de ce TON.

Intonation du Pseaume.

Du IV. TON.

Impositions qui annoncent l'Intonation de ce TON.

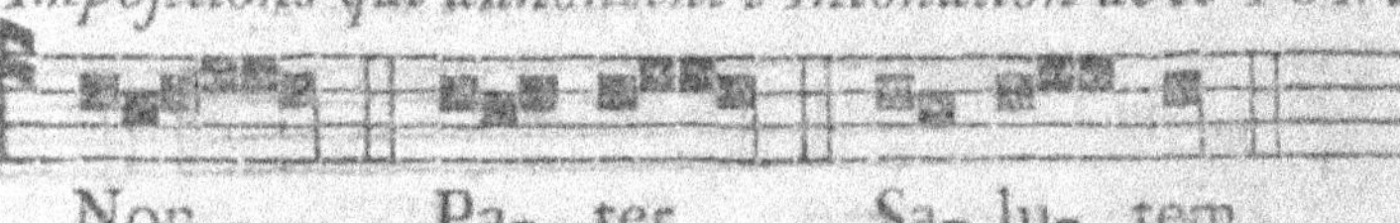

Sanctus De- us.
Intonation du Pseaume.
Lauda- te, pu-e- ri, Dominum.
Cantique.
Ma-gni- fi-cat.
Du V. Ton.
Impositions qui annoncent l'Intonation de ce Ton.
Lux. San- ctus. Ha- ben- tem.
Omnes gen- tes.
Intonation du Pseaume.
Lauda-te, pu-e- ri, Dominum.
Cantique.
Ma-gni- fi-cat.

Du VI. Ton.

Impositions qui annoncent l'Intonation de ce Ton.

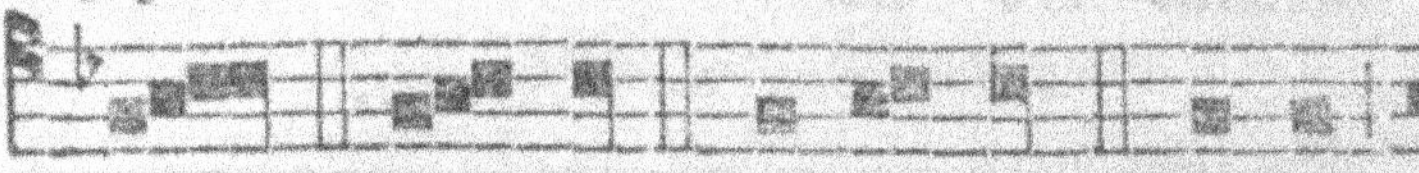

Nox. Chri-ſtus. Ha-be-bunt. Omnis

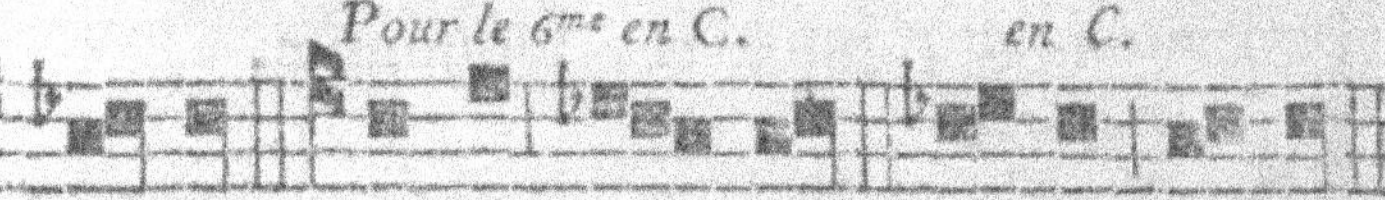

ter-ra. Omnis ter- ra. Omnis ter-ra.

Intonation du Pſeaume.

Du VII. Ton.

Impositions qui annoncent l'Intonation de ce Ton.

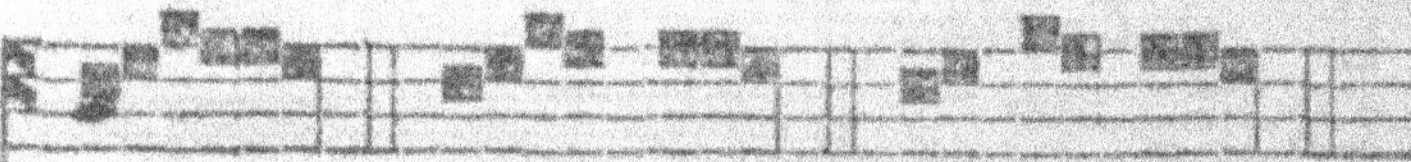

Fac. Ma- gnus. Re- li- quit.

U-nus De- us.
Intonation du Pseaume.
Lauda- te , pu-e- ri , Dominum.
Cantique.
Ma- gni- fi- cat.
Du VIII. Ton.
Impositions qui annoncent l'Intonation de ce Ton.
Vox. No- men. Vi- ce- runt.
Super cœ- los.
Intonation du Pseaume.
Lauda-te , pu-e-ri , Dominum.
Cantique.
Ma-gni- fi-cat.

DE LA PSALMODIE SIMPLE.

DEMANDE. Qu'eſt-ce que la Pſalmodie ?

RÉPONSE. C'eſt la manière de chanter les Pſeaumes & les Cantiques. On pſalmodioit autrefois d'une manière beaucoup plus ſimple qu'aujourd'hui : c'étoit une récitation qui tenoit du Chant, & un Chant qui tenoit de la récitation : de ſorte qu'on pourroit dire que c'étoit un Chant, parce que la Voix étoit ſoutenue, & que c'étoit une récitation, parce qu'on gardoit toujours le même *Ton.*

Aujourd'hui on a varié la Pſalmodie en autant de Chants qu'il y a de TONS au Plain-Chant, & même davantage.

D. Combien compte-t-on de Pſalmodies ?

R. On en compte huit qui ſont conſidérées comme *Régulières*, & le nombre de celles que l'on conſidère comme *Irrégulières* n'eſt pas fixé.

D. Quelle diſtinction faites-vous entre une Pſalmodie *Régulière* & une Pſalmodie *Irrégulière ?*

R. Les *Régulières* ſont celles qui ſont communes dans chacun des TONS, & qui ne varient que dans leurs Terminaiſons. Et les *Irrégulières* ſont celles qui n'ont point de rapport avec les communes, ſoit dans une ou dans pluſieurs de leurs conditions.

REMARQUE. *Dans la Table ſuivante, on a placé en tête de chaque Article des TONS, la Pſalmodie commune de ce TON.*

Les Psalmodies Irrégulières dont on fait usage dans le Diocèse de Noyon, sont : du premier, désignée en A *ou* D ; *du second, désignée en* A , & *du sixième, désignée en* C & *en* C.

D. Qu'entendez vous par les *conditions* de la Psalmodie ?

R. J'entends les quatre parties qui la composent, savoir : l'*Intonation*, la *Teneur*, la *Médiante* & la *Terminaison*. Dans les Psalmodies *Régulières*, les trois premières de ces conditions sont invariables dans chacun des TONS ; il n'y a que la Terminaison qui puisse varier. Au lieu que dans les *Irrégulières*, leurs conditions leur sont propres ; c'est-à-dire, que, quoiqu'elles tirent leur origine d'un des huit TONS, elles ont un chant bien différent de celui des autres Psalmodies qui appartiennent aux mêmes TONS.

D. Comment a-t-on désigné les Psalmodies dans le Bréviaire & autres Livres qui en dépendent ?

R. Par deux signes différents, savoir : par un des huit chiffres 1, 2, 3, 4, 5, 6, 7, 8, & en même-tems par une des sept premières lettres de l'Alphabet A, B, C, D, E, F, G. Le chiffre indique le TON dans lequel la Psalmodie doit être, & la lettre détermine le choix de la Terminaison.

D. Pourquoi faut-il le concours du chiffre & de la lettre pour désigner une Psalmodie ?

R. Parce que, selon le Principe qu'on vient de poser, la quatrième condition étant seule ſujette à variation, il faut un ſigne particulier pour l'annoncer, indépendamment de celui qui indique le TON.

D. Pourquoi s'eſt-on ſervi de lettres pour faire cette détermination, plutôt que de tous autres ſignes ?

R. Tous autres ſignes auroient fait le même effet, puiſque la choſe n'eſt que de convention : mais il eſt pourtant ſenſible qu'on ne pouvoit guere en choiſir de plus commode, ſur-tout dans les cas où il ſe trouve pluſieurs Terminaiſons qui ont la même Note Finale dans un même TON.

D. Quand dans un même TON il ſe trouve deux Terminaiſons qui ont la même Finale, comment peut-on les indiquer ?

R. Par la variation dans le caractère de la lettre ; voyez pour exemple les quatre Finales en *Ré* qui ſe trouvent à l'Article du premier TON. Comme la Note *Ré* a pour lettre correſpondante le D, la première des Terminaiſons ſe trouve déſignée par un D romain ; la ſeconde, par un grand *D penché ;* la troiſième, par un petit d ; la quatrième enfin auroit pû encore être déſignée par un petit *d penché ;* mais on a préféré de ſe ſervir du grand J, à cauſe que cette Terminaiſon préſente à la vue une tirade de Notes qui forme une queue, telle qu'on la peut également remarquer dans le grand J.

D. Donnez-moi un exemple de la correſpondance des ſept lettres avec les ſept Notes du Chant ?

R. Le voici.

Notes du Chant conſidérées comme Finales.	*Lettres de correſpondance avec les Notes Finales.*
La Note La *ſe déſigne par*	A, *ou* a, *ou a.*
La Note Si *ſe déſigne par*	B, *ou* b.
La Note Ut *ſe déſigne par*	C, *ou* C, *ou* c, *ou* c, *ou* ç.
La Note Ré *ſe déſigne par*	D, *ou D*, *ou* d, *ou* d.
La Note Mi *ſe déſigne par*	E, *ou* e.
La Note Fa *ſe déſigne par*	F, *ou* f.
La Note Sol *ſe déſigne par*	G, *ou* g.

De l'Intonation.

D. Expliquez-moi actuellement ce que c'eſt que l'*Intonation* que vous conſidérez comme la première condition de la Pſalmodie ?

R. L'*Intonation* d'un Pſeaume eſt la manière d'en moduler les premières Notes & les ſyllabes qui y correſpondent, dans le premier Verſet ſeulement; car les autres Verſets ſuivans commencent par la Dominante du Ton indiqué; mais, lorſque l'Orgue joue, & que le Chœur ne reprend point avec Faux-Bourdon, chaque Verſet ſe commence par la même modulation que le premier. S'il y a *Faux-Bourdon*, alors les *Tailles* & *Baſſe-Tailles* reprennent les Verſets à la *Dominante* du Ton, comme ſi l'Orgue ne jouoit point.

D. Dans les Egliſes où il n'y a point d'Orgue, & où l'on ne fait point uſage de Faux-Bourdon, que doit-on faire ?

R. Il convient d'obſerver cette modulation à

chaque Verset des Cantiques Evangéliques *Benedictus*, *Magnificat*, & *Nunc dimittis.*

D. L'Intonation est-elle sujette à varier dans quelques-uns des TONS?

R. Dans aucun des TONS, l'Intonation ne varie jamais pour les Pseaumes; mais comme il a toujours été d'usage dans toutes les Eglises de chanter le Cantique d'une manière plus solemnelle que les Pseaumes, sur-tout les jours de Fêtes, on leur a consacré une Intonation qui, quoique la même dans le fond, est ornée de quelques Notes de plus, & ce dans les TONS *Pairs* 2, 4, 6 & 8; car, dans les TONS *Impairs*, l'Intonation est la même pour les Cantiques comme pour les Pseaumes.

D. Quel est le propre de l'Intonation?

R. C'est de conduire & faire sentir naturellement le TON dans lequel on entre; cet objet est de la plus grande importance pour l'exécution de la bonne Psalmodie; il nous a paru en conséquence nécessaire d'y faire une attention particulière: c'est pourquoi, ayant observé que l'*Intonation* du Cantique *Magnificat*, avoit été un peu négligée dans chacun des TONS, lors de l'impression du Bréviaire & des Livres qui en dépendent, on a cru devoir la corriger en rassemblant dans ce seul mot, autant qu'il a été possible, les modulations de l'*Intonation* & de la *Médiante*, comme on le verra ci-après; & lorsqu'il n'a point été possible d'exprimer ces deux modulations à la fois, comme dans le *septième* TON & dans tous les TONS que nous nommons *Irréguliers*, on ne s'est alors servi que de la modulation de la *Médiante*, parce qu'elle est plus propre à faire sentir la Terminaison qui lui appartient.

DE LA TENEUR.

D. Qu'est-ce que vous appellez *Teneur* de la Psalmodie ?

R. La *Teneur* est la partie qui régne sur la Note *Dominante*, dans le septième depuis la seconde Note ; & dans les autres TONS depuis la troisième Note de l'Intonation inclusivement jusqu'à la *Médiante*, & depuis la *Médiante* jusqu'à la naissance de la *Terminaison* ; si ce n'est dans les TONS Irréguliers du premier en A, & du sixième en C, où la Teneur se baisse d'un *Ton*, depuis la *Médiante* jusqu'à la *Terminaison*.

D. N'est-ce pas sur la *Teneur* que doit se porter l'*Unisson* de la Psalmodie ?

R. Oui, comme nous l'avons déjà dit dans le cours des Principes ci-dessus ; quand une fois le premier Pseaume d'un Office a été chanté sur un *Ton* favorable aux voix du Chœur, il est du devoir des Choristes de porter la *Teneur* ou *Dominante* des Pseaumes qui suivent sur la même *Teneur* du Pseaume précédent, à moins qu'il n'y ait *Faux-Bourdon* ; alors on suivroit les Régles que l'on prescrira ci-après à l'Article des *Faux-Bourdons*.

De la Médiante.

D. Qu'est-ce que la troisième condition de la Psalmodie que vous appellez *Médiante ?*

R. La Médiante est la modulation qui termine la première partie du Verset des Pseaumes & Cantiques. C'est elle qui indique plus sensiblement le Ton dans lequel on est; c'est pourquoi nous avons si spécialement recommandé à l'Article des *Impositions*, de faire sentir la *Médiante*, afin que le Choriste ne la manque pas. Dans le sixième Ton en F, ou en f, la *Médiante* n'est pas différente de la *Teneur*; c'est-à-dire qu'elle est toute droite sans élévation ni inflexion, excepté dans les Cantiques.

D. Quelles sont les remarques les plus essentielles à faire sur la Médiante ?

R. Que si elle finissoit par un *Monosyllabe*, ou un mot Hébreu indécliné, on feroit alors ce qui est marqué dans la Table suivante au Pseaume *Credidi*, à la Médiante *locutus sum*; *Domine*, *David :* car si le mot Hébreu étoit décliné, comme *Exultent filiæ Judæ*, alors on n'y auroit aucun égard.

Cependant cette différence dans la Régle des *Médiantes*, quant aux Monosyllabes & aux mots Hébreux indéclinés, n'a point lieu dans les Cantiques des Tons Pairs 2, 4, 6 & 8, comme on l'observera dans la Table suivante, aux exemples *Deus Israel* & *magna qui potens est*. Lorsque l'on chante en *Faux-Bourdon*, cette même différence

rence n'a lieu dans aucun TON, soit pour les Pseaumes, soit pour les Cantiques; & de même dans les TONS Irréguliers du premier en A, ou *D*, du second en A, ou D, & du sixième en C, où les Médiantes telles qu'elles sont imposées dans le Bréviaire pour les Monosyllabes, font le plus mauvais effet.

DE LA TERMINAISON.

D. Qu'est-ce que la dernière condition de la Psalmodie que vous appellez *Terminaison?*

R. La *Terminaison* est la modulation par laquelle on prépare la Finale de chaque Verset de la Psalmodie; elle s'indique, comme nous l'avons dit ci-dessus, d'une manière qui n'est point commune aux autres conditions de la Psalmodie, c'est-à-dire, par une des sept premières lettres de l'Alphabet, laquelle lettre désigne la Note Finale de la Terminaison.

Il faut observer qu'on trouvera à l'Article du quatrième TON, une Terminaison indiquée en *Ré*, qui néanmoins dans l'Antiphonaire peut finir en *La* comme en *Ré*, quoiqu'avec la même lettre: c'est qu'anciennement on la notoit en *Ré*, en la joignant à des Antiennes qui avoient la Clef d'*Ut* sur la troisième ligne, ainsi qu'on la voit dans la Table suivante; alors il se trouvoit que le Bé-mol changeant le *Si* en *Fa*, changeoit en même-tems le *Ré* en *La*: ainsi il est égal de désigner ces Terminaisons en *La* ou en *Ré*; on présente l'une & l'autre de ces positions dans la Table qui suit; &, dans l'Antiphonaire, on a suivi, à cet égard, ce qui pouvoit rendre le Chant plus facile.

D. Les lettres A, B, C, D, E, F, G, n'ont-elles pas d'autres significations que de désigner la Note Finale de la Terminaison?

R. Oui : par la facilité que l'on a d'écrire ces lettres sous différents caractères, c'est-à-dire, en lettres *Romaines* ou *Majuscules*, *droites* & *penchées*; *Minuscules*, *droites* & *penchées*, &c. on a celle de désigner les différentes manières de préparer le Chant à la Note *Finale*; c'est là vraiment ce que l'on entend par le mot de *Terminaison*: or, comme il y a plusieurs manières de préparer le Chant à la Note Finale, on dit également qu'il y a plusieurs *Terminaisons*, que l'on distingue en trois Classes; savoir, les Terminaisons *Complettes*, les *Incomplettes* & les *Plus-que-complettes*.

D. Comment distingue-t-on les Terminaisons *Complettes* d'avec les autres?

R. C'est qu'elles ont pour Finale, la Finale propre du TON, au lieu que les autres ne l'ont pas; ainsi une Terminaison *Complette* est celle qui prépare à la Note qui est la vraie Finale du TON, par exemple à la Note *Ré* dans les *premier* & *second* TONS, & à la Note *Mi* dans les *troisième* & *quatrième* TONS, &c.

Cette sorte de Terminaison qui est ordinairement la plus solemnelle & la plus mélodieuse, s'indique communément par une grande lettre, à moins qu'il n'y en ait plusieurs dans le même TON, ainsi que nous l'avons déjà dit ; alors on est obligé de désigner l'une plus solemnelle par une *grande lettre*, & l'autre par une *petite lettre*.

D. Quelle remarque fait-on sur les Terminaisons *Incomplettes ?*

R. On remarque qu'elles ne finissent point par la Note Finale du TON; qu'elles sont moins majestueuses que les autres Terminaisons ; c'est pourquoi on les a employées le plus souvent dans les petites solemnités. Elles se désignent ordinairement par des *petites lettres :* mais dans le premier TON, où l'on trouve deux Terminaisons *Incomplettes* en *Sol*, on a désigné l'une par un petit g, & l'autre par un grand G ; la même chose se trouve dans le *troisième* & le *septième* TON.

D. En quoi distingue-t-on la Terminaison *Plus-que-complette ?*

R. On n'en connoît qu'une dans les Livres de Chant du Diocèse de Noyon : elle se trouve dans le quatrième TON, & elle est désignée par la lettre D. On l'appelle ainsi, à cause que sa Note Finale descend plus bas que celle du TON, c'est-à-dire, qu'elle descend en *Ré*, tandis que celle du TON n'est qu'en *Mi*. On désigne cette Terminaison avec un grand D, pour la distinguer d'une Terminaison *Incomplette* qui se trouve dans le même TON, & qui, étant moins majestueuse qu'elle, se désigne par un petit d. Cette dernière qui autrefois se notoit avec la

Finale en *Ré*, ſe note aujourd'hui en *La*, néanmoins on lui conſerve pour indication le petit d, qui, en marquant ſon origine, la diſtingue en même-tems d'une autre Terminaiſon du même TON, qui eſt déſignée en grand A.

D. Pourquoi voit-on à l'Article du premier TON de la Table ſuivante, un Chant de Pſalmodie avec deux Clefs, & déſigné par les deux lettres A & *D*?

R. C'eſt que le Chant en *Ré* qui ſe préſente par la Clef ſur la quatrième ligne avec le Bémol, peut ſe convertir en *La*, en faiſant deſcendre la Clef de la quatrième ligne ſur la ſeconde, & alors on n'a plus beſoin de Bé-mol; enſorte que la première Clef qui faiſoit rencontrer la Note *Ré* ſur la première ligne, céde à la ſeconde Clef qui y place la Note *La*. C'eſt pourquoi on préſente ce Chant avec les deux Clefs & les deux lettres A, *D*, afin de faire voir qu'il eſt aiſé de ſe paſſer de Bé-mol à la Clef, en l'effaçant ainſi. C'eſt ce qu'on appelle une *Tranſpoſition*.

La même choſe ſe trouve à l'Article du ſecond TON, au Chant déſigné par A & *D*, parce qu'en changeant la Clef d'*Ut* en celle de *Fa*, la Finale qui étoit en *La*, devient en *Ré*.

D. Pourquoi dans les cinquième & ſixième TONS, préſente-t-on la Clef *ſans Bé-mol*, & quelquefois *avec le Bé-mol*?

R. C'eſt que dans les cinquième & ſixième TONS, il y a des Terminaiſons caractériſées *par la Clef*, & d'autres *par le Bé-mol*; que toutes les fois qu'une Terminaiſon eſt caractériſée par le Bé-mol, c'eſt lui qui doit commander à la Clef; c'eſt la raiſon pour laquelle les Pſalmodies qui ſont déſignées en C, ſont ordinairement préſentées dans la Table ſuivante avec deux Clefs. La première qui eſt armée du Bé-mol, eſt la vraie Clef appartenante au Ton; & la ſeconde n'eſt qu'une Clef poſtiche, qui n'eſt pas miſe à deſſein de faire croire qu'elle ait jamais été uſitée, mais pour prouver le rapport intime qu'elle a avec le Bé-mol, & que c'eſt le Bé-mol qui fait que l'on déſigne la Terminaiſon en C.

C'eſt par inattention que dans l'Antiphonaire on a placé le Bé-mol à la Clef ſur quelques Antiennes dont la Pſalmodie étoit déſignée en F ou f, parce que toutes les fois que la Clef donne le nom à la Finale, c'eſt elle qui caractériſe la Terminaiſon; & dans ces cas, ſe ſuffiſant à elle-même, elle n'a beſoin du Bé-mol, que par accident.

De la PSALMODIE en Faux-Bourdon.

Demande. Pourquoi à la ſuite de chaque Article des Tons, a-t-on ajouté un Chant de Pſalmodie copié au long, avec ce Titre en tête: *Pour le Faux-Bourdon?*

Reponse. C'eſt qu'ayant remarqué, dans les Egliſes où l'on fait uſage de *Faux-Bourdon*, qu'il arrive ſouvent que ceux qui ſoutiennent la partie commune du Chœur, ſont embarraſſés de la *Terminaiſon* qu'ils doivent donner au Pſeaume, attendu que très-ſouvent on ne ſuit pas celle qui eſt indiquée dans le Bréviaire, il a paru néceſſaire de prévenir que les différentes *Terminaiſons* n'étant pas également ſuſceptibles d'harmonie, on s'en eſt tenu, dans chaque TON, à un ſeul Chant, ſur lequel on a employé le *Faux-Bourdon ;* ſi ce n'eſt le premier, le cinquième & le ſixième, ſur leſquels il y a deux modulations uſitées. On a cru, pour cette raiſon, devoir ajouter à la ſuite de chaque Article des TONS, un Verſet au long, de la modulation uſitée dans ce TON pour le *Faux-Bourdon*, en faveur de ceux qui les entonnent & de ceux qui continuent.

DU NEUME.

D. Qu'eſt-ce que le *Neume ?*

R. Le *Neume*, ou *Pneume*, que l'on nomme en Grec *Pneuma*, & en Latin *Jubilum*, eſt (dit S. Auguſtin) un certain ſon qui ſignifie que le cœur s'efforce de proférer ce qu'il ne peut exprimer. Et à qui convient cette ſorte de louange, ſinon à Dieu, qui eſt un Être ineffable ? Car on appelle *ineffable*, ce qui ne peut s'exprimer : or ſi vous ne pouvez exprimer l'idée que vous concevez de Dieu, tandis que néanmoins vous ne devez pas taire ce que vous en connoiſſez, que reſte-t-il ? ſinon que vous lui rendiez hommage par le cri de jubilation, enſorte que votre cœur exprime sa joie, sans prononcer aucune parole, & que l'immense étendue de votre alégresse ne soit renfermée dans les bornes d'aucunes syllabes, selon cette parole du Psalmiste : *Chantez-lui le plus excellent Cantique, en poussant devant lui des cris de jubilation.* C'est ce que dit S. Augustin dans sa seconde explication du Pseaume XXXII, où il lisoit : *Benè cantate ei in jubilatione*, au Verset où nous lisons : *Benè psallite ei in vociferatione.* Ce sont deux traductions différentes du même Texte ; & au fond le sens est toujours le même, c'est-à-dire, tel qu'il vient d'être exprimé : *Chantez-lui le plus excellent Cantique, en poussant devant lui des cris de jubilation.*

D. Quand fait-on usage de ce Neume ?

R. Dans les deux cas suivants :

1° Les jours Annuels, les jours de Double de première, seconde & troisième Classe, après la dernière Antienne de Vêpres, de chaque Nocturne, de Laudes ; & après les Antiennes des Cantiques Evangéliques.

2° Les jours de simples Doubles & de Sémidoubles, après les Antiennes des Cantiques Evangéliques seulement.

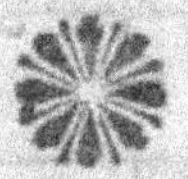

INTONATIONS, TENEURS, MÉDIANTES, TERMINAISONS ET NEUMES *DES HUIT TONS.*

Ier TON.

Intonation. Teneur. Médiante.

Lau-da-te Dominum, omnes gentes.

Be-ne-di-ctus. Ma- gni-fi-cat.

Terminaisons.

D. e u o u a e. d. e u o u a e.

J. e u o u a e. f. e u o u a e.

G. e u o u a e. g. e u o u a e.

a. e u o u a e.

Neume.
Pour le Faux-Bourdon.
A. ou D.
In e-xi-tu Iſ-ra-el de Ægypto, *
domûs Jacob de popu-lo barba-ro.
Intonation. Médiante.
Ma-gni-fi-cat. Dominus ſuper vos.
Autre Modulation pour le Faux-Bourdon.
J.
Di-xit Dominus Domi-no me-o: * Sede
à dextris me-is.
Les autres ℣℣. ſe commencent par la Dominante.
II. TON.
Intonation. Teneur. Médiante.
L au-da-te Dominum, omnes gentes.

Be-ne-dic. Dixit Dominus.
Médiante.
Sur les Monosyllabes & sur les mots Hébreux indéclinés.
lo-cu-tus ſum. Domi-ne,
Médiante.
Terminaiſon.
D.
David.
e u o u a e.
Intonation.
Pour les Cantiques Evangéliques.
Bene-di-ctus Domi-nus De-us
Iſ- ra-el. Ma-gni- fi-cat.
Depuis les Complies du Samedi Saint juſqu'à None du Samedi de la Semaine de Pâque incluſivement, les Pſeaumes des Heures ſe chantent ſur le Ton ſuivant :
A.
ou
D.
Confi-te-mi-ni Domi-no quoni am
bonus.
Pour les Cantiques Evangéliques.
Nunc di-mittis.

Les autres ℣℣. ſe commencent par la Dominante.

III. TON.

Les autres ℣℣. se commencent par la Dominante.

❋

IV. TON.

Intonation. *Teneur.* *Médiante.*
Lau-da-te Dominum, omnes gentes.
Pour les Cantiques Evangéliques.
Be-ne-dic.
Be-ne-di-ctus Do-
mi-nus De-us Is-ra-el.
Ma-gni-fi-cat.
Terminaison.
E.
e u o u a e.
f.
e u o u a e.
D.
e u o u a e.
a.
e u o u a e.
A.
e u o u a e.
c.
e u o u a e.

d.
La même.
e u o u a e. e u o u a e.
Neume.
Pour le Faux-Bourdon.
Di-xit Dominus Domi-no me-o: * Se-de
Médiante.
à dextris me-is. Deus Iſ-ra-el.
Les autres ℣℣. ſe commencent par la Dominante.
V. TON.
Intonation. Teneur. Médiante.
L au-da-te Dominum, omnes gentes.
Credi-di. Be-nedictus. Ma-gni- fi-cat.
Sur les Monoſyllabes & ſur les mots Hébreux indéclinés.
qui potens eſt.

Terminaiſon.
C.
a.
e u o u a e.
e u o u a e.
Neume.
Pour le Faux-Bourdon.
C.
Di-xit Dominus Domi-no me-o : *
Se-de à dextris me-is.
Autre Modulation uſitée pour le Faux-Bourdon.
a.
Dixit Dominus Domi-no me-o : * Se-de
Médiante.
à dextris me-is. Deus Iſ-ra el.
Les autres ℣℣. ſe commencent par la Dominante.
VI. TON.
Intonation. Teneur. Médiante.
Lau-da-te Dominum, omnes gentes.

Terminaison.
F.
f.
e u o u a e.
e u o u a e.
Pour les Cantiques Evangéliques.
Be-ne-di-ctus Dominus Deus
Iſ-ra-el. Ma-gni-fi-cat.
Intonation.
C.
Lauda-te Dominum, omnes gentes.
Médiante.
qui po-tens eſt. lo-cu-tus ſum.
Pour les Cantiques Evangéliques.
Be-ne-di-ctus Domi-nus De-us
Iſ-ra-el.
Ma-gni-fi-cat. e u o u a e.

Intonation.

Intonation.
C.
Lauda- te Dominum, omnes gentes.
Pour les Cantiques Evangéliques.
Be-ne-di-ctus Domi-nus De-us
If-ra-el.
Ma-gni fi-cat. e u o u a e.
Neume.
Pour le Faux-Bourdon.
Di-xit Dominus Domi-no me-o; * Se-de
Médiante.
à dextris me-is. qui po-tens est.
Autre Modulation pour le Faux-Bourdon.
Di-xit Dominus Domi-no me-o: * Se-de

à dextris me-is.
Les autres ℣℣. se commencent par la Dominante.
VII. TON.
Intonation. Teneur. Médiante.
Lau-da-te Dominum, omnes gentes.
Cre-di-di. Be-ne di-ctus. Ma-gni-fi-cat.
Sur les Monosyllabes & sur les mots Hébreux indéclinés.
qui potens est.
Terminaison.
Domi-ne, David.
G. e u o u a e.
a. e u o u a e.
b. e u o u a e.
ç. e u o u a e.
c. e u o u a e.
d. e u o u a e.
d. e u o u a e.

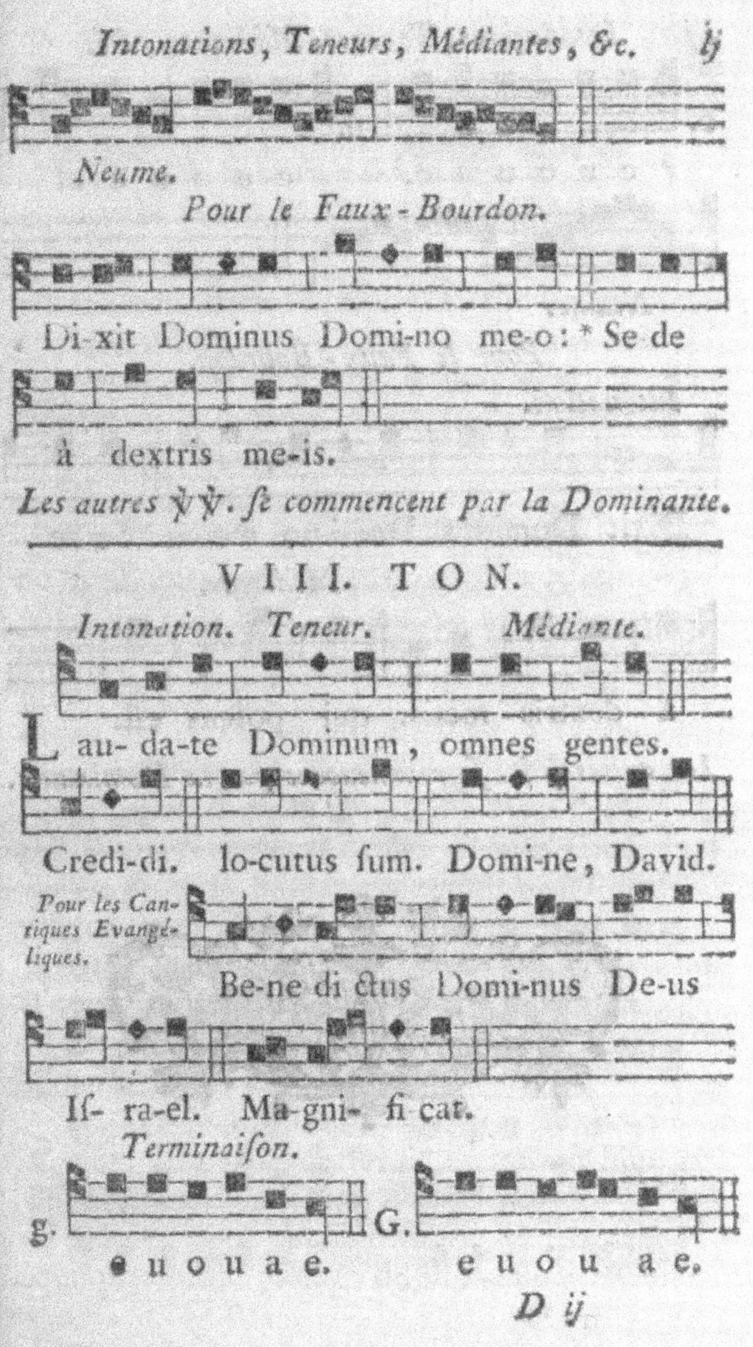
Neume.
Pour le Faux-Bourdon.
Di-xit Dominus Domi-no me-o: * Se de
à dextris me-is.
Les autres ℣℣. se commencent par la Dominante.
VIII. TON.
Intonation. Teneur. Médiante.
Lau-da-te Dominum, omnes gentes.
Credi-di. lo-cutus sum. Domi-ne, David.
Pour les Cantiques Evangéliques.
Be-ne di ctus Domi-nus De-us
Is-ra-el. Ma-gni- fi cat.
Terminaison.
g. e u o u a e.
G. e u o u a e.

Les autres ℣℣. se commencent par la Dominante.

DES FAUX-BOURDONS,

Et des Transpositions qu'on y doit observer.

DEMANDE. Les Transpositions indiquées pour servir aux Organistes dans l'exécution des différentes Piéces de Chant, ne peuvent-elles pas leur servir également, lorsqu'ils touchent alternativement avec le Chœur, dans les *Pseaumes* en *Faux-Bourdon?*

RÉPONSE. Non, comme les *Faux-Bourdons* ne sont autre chose qu'une Psalmodie accompagnée d'une *Basse*, & autres parties qui peuvent y être jointes, il faut que l'*Unisson*, ainsi qu'on l'a enseigné pour les simples Psalmodies, régne sur la *Dominante* du TON. L'Orgue doit donc imposer un TON dont la Finale ait un bon rapport avec la *Dominante*, qui fait le sujet du *Faux-Bourdon:* or les *Transpositions* indiquées pour la bonne exécution des Piéces de Chant, ne peuvent servir dans ces circonstances, attendu qu'elles sont fondées sur les *Finales* des TONS, & non par rapport à la *Dominante*.

D. Sur quel *son* doit régner la Dominante dans les *Faux-Bourdons?*

R. M. de Brossard, dans son Traité sur le C ant, dit: Que ce seroit un grand bien que le Dominantes fussent toutes portées en *Sol;* il donne, pour considération, le mauvais effet que produit le passage du Pseaume à l'Antienne qui suit, lorsqu'on est obligé de changer de *Ton:* cela vient de ce que la Dominante est trop élevée; & si elle étoit portée sur un *Ton* modéré, l'Antienne qui suit, ne feroit plus un mauvais effet.

On peut & on doit conclure de ces réflexions, que les Dominantes de chaque Pseaume doivent être portées sur un même degré d'élévation, pour suivre uniformément la Psalmodie; mais il est certain que le Ton de *Sol* seroit trop bas pour les Voix de Tailles qui chantent le sujet du Pseaume dans les Eglises où il y a musique, aussi-bien que pour le Peuple dans les Paroisses, & que c'est à tort que dans certaines Eglises on varie les Dominantes, tantôt en *La*, tantôt en *Si*, tantôt en *Ut*. Il est du bon ordre & de la bonne exécution de garder l'uniformité sur ce point; c'est le sentiment de plusieurs habiles gens qui ont été consultés, & qui s'accordent à dire, que la Dominante en *La*, pour tous les Pseaumes en *Faux-Bourdon*, est la plus praticable, & celle qui convient aux Voix de toutes les Eglises. Ils ajoutent que, pour éviter la dureté du passage du Pseaume à l'Antienne, à cause que le Ton de *La* seroit trop haut pour l'Antienne dans les Eglises où il y a musique, qu'il n'y auroit point d'inconvénient à faire jouer l'Antienne à l'Orgue, par-là, on mettroit toutes les Voix à leur aise, & on trancheroit la difficulté observée par M. de Brossard.

C'est d'après ces réflexions, qu'on a rangé dans l'ordre qui suit les Transpositions que doivent observer les Organistes dans chacun des TONS, afin qu'ils imposent toutes les Dominantes sur la Note *La*.

EXEMPLE

Des TRANSPOSITIONS *que doivent observer les* ORGANISTES, *lorsqu'ils touchent alternativement avec le Chœur, dans les* Pseaumes en Faux-Bourdon.

TONS *du Plain Chant.*	TONS *de l'Orgue.*	UNISSON *de la Dominante.*
Le I...	*en* D La Ré, 3ce *Min.*	*en* A Mi La.
Le II...	*en* F Ut Fa, * 3ce *Min.*	*en* A Mi La.
Le III..	*en* F Ut Fa, * 3ce *Min.*	*en* A Mi La.
Le IV..	*en* A Mi La, 3ce *Min.* *Finissant toujours en Mi.*	*en* A Mi La.
Le V...	*en* D La Ré, 3ce *Maj.*	*en* A Mi La.
Le VI..	*en* F Ut Fa, 3ce *Maj.*	*en* A Mi La.
Le VII..	*en* D La Ré, 3ce *Maj.*	*en* A Mi La.
Le VIII.	*en* A Mi La, 3ce *Maj.* *Finissant toujours en Mi.*	*en* A Mi La.

EXCEPTIONS

Pour quelques Eglises où l'on n'observe pas les Régles ci-dessus.

TONS. *du Plain-Chant.*	TONS *de l'Orgue.*	*Dominantes.*
Le II...	*en* G Ré Sol, 3ce *Min.*	*en* B Fa Si.
Le III..	*en* A Mi La, 3ce *Min.*	*en* C Sol Ut.
Le VIII.	*en* G Ré Sol, 3ce *Maj.*	*en* C Sol Ut.

D. Pourquoi donnez-vous deux manières d'impoſer les ſecond, troiſième & huitième TONS du *Plain-Chant ?*

R. C'eſt qu'il y a des Egliſes où l'on eſt dans l'uſage de porter la *Dominante* du ſecond TON en B *Fa Si*, ♭ celles du troiſième & du huitième TON en C *Sol Ut :* il a par conſéquent fallu indiquer aux Organiſtes de ces Egliſes, le TON qu'ils devoient impoſer en conſéquence. On eſpère que ces Egliſes, par la ſuite, ſe conformeront à celles qui reconnoiſſent le bien que produit l'uniformité en toutes choſes.

On trouvera ci-après les *Faux-Bourdons* en uſage dans l'Egliſe Cathédrale de Noyon, depuis l'exécution du nouveau Chant.

FAUX-BOURDONS

Sur les huit TONS du Plain-Chant,

Par leſquels la Dominante, en chacun des TONS, *eſt portée en* A Mi La, *pour la facilité de ceux qui entonnent les Pſeaumes, & des Voix qui les pſalmodient.*

Du I. TON en J.

Et e-xul-ta-vit ſpi-ri-tus meus * In
De-o ſa-lu-ta-ri me-o.
Du I. TON en D.
Intona-tion.
Ma-gni-fi-cat * a-nima me-a
Domi-num. L'Orgue en Ré.
Et e-xul-ta-vit ſpi-ri-tus meus * in
De-o ſa-lu-ta-ri me-o.

Du II. Ton.

Observation. *On a posé ici les Dièses sur les Notes auxquelles on doit en appliquer la propriété, au lieu de les avoir mis après la Clef, en considération de ceux qui ne sont pas Musiciens, raison qui les dispense de connoître les Clefs armées.*

Du III. Ton.

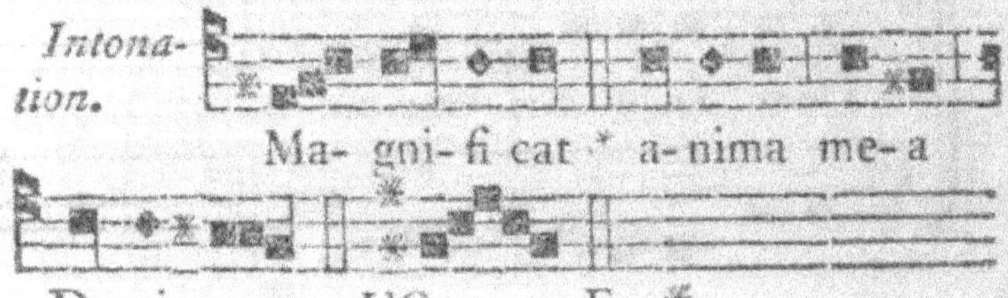

Et e-xul-ta-vit spi-ri-tus meus * in
De-o sa-lu-ta-ri me-o.
Du IV. Ton.
Intona-tion.
Ma-gni-fi-cat * a-ni-ma me-a
Do- minum. L'Orgue en La, finissant en Mi.
Et e-xul-ta-vit spi-ri-tus meus * in
De-o sa-lu-ta-ri me- o.

Du V. Ton en C.

Du V. Ton en a.

Dominum. *L'Orgue en* Ré.

Et exul-ta-vit ſpi-ri-tus meus * in
De-o ſa-lu-ta-ri me-o.
Du VI. TON en F.
Intona-tion.
Ma-gni-fi-cat * a-nima me-a
Dominum. *L'Orgue en* Fa.
Et e-xul-ta-vit ſpi-ri-tus meus * in
De-o ſa-lu-ta-ri me-o.

Du VI. Ton en C.

Du VII. Ton.

Dominum. *L'Orgue en* Ré.

Et e xul-ta-vit ſpi-ri-tus meus * in
De-o ſa lu-ta-ri me- o.
Du VIII. Ton.
Intona-tion.
Ma-gni- fi-cat * a-nima me-a
Dominum. L'Orgue en La, finiſſant en Mi.
Et e-xul-ta-vit ſpi-ri-tus meus * in
De-o ſa lu-ta-ri me-o.

EXCEPTIONS

Pour les Eglises où l'on est dans l'usage de Transposer la Dominante *du II.* TON, *en* B Fa Si Bé-mol, *celles du III. & du VIII, en* C Sol Ut.

Du II. TON.

Intonation.

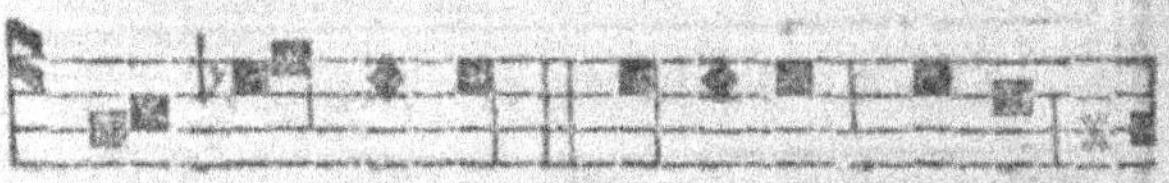

Ma-gni fi-cat * a-nima me-a

Dominum. *L'Orgue en* Sol, 3rce *Mineure.*

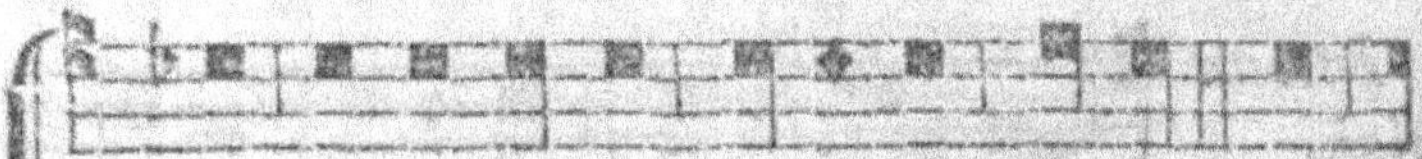

Et e-xul-ta-vit spi-ri-tus me-us * in

De-o sa-lu-ta-ri me-o.

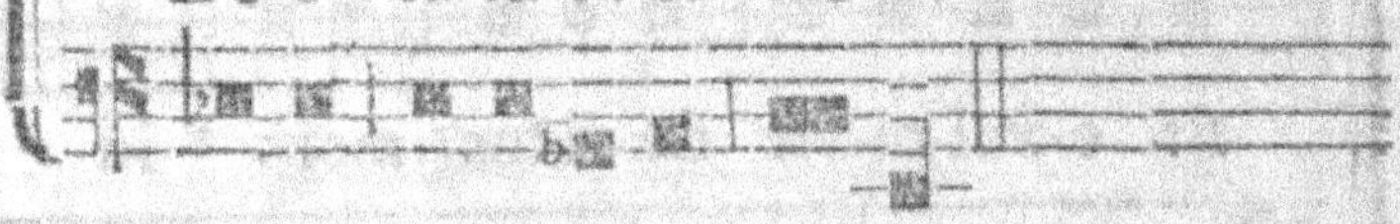

Du III. TON.

Intonation.

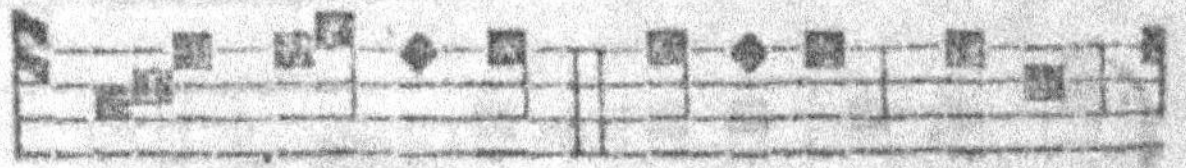

Ma- gni-fi-cat * a-nima me-a

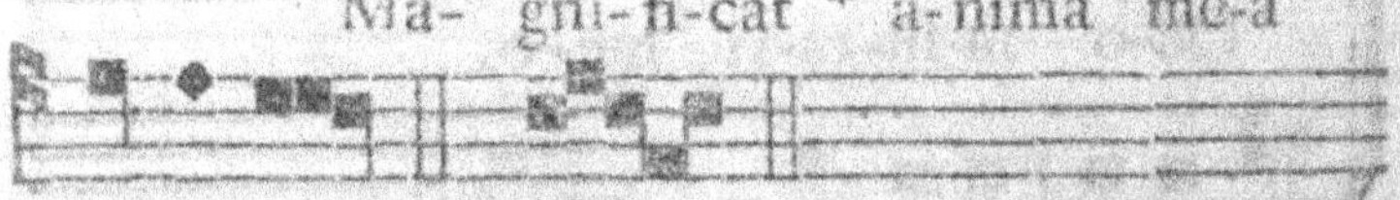

Domi-num. *L'Orgue en* La, 3rce *Mineure.*

Et

Et e-xul-ta-vit ſpi-ri-tus meus * in
De-o ſa-lu-ta-ri me-o.
Du VIII. Ton.
Intona-tion.
Ma-gni-fi-cat * a-nima me-a
Dominum. L'Orgue en Sol, 3rce Majeure.
Et e-xul-ta-vit ſpi-ri-tus meus * in
De-o ſa-lu-ta-ri me-o.

RÉCAPITULATION

Ou TRAITÉ *de la manière de bien chanter en général.*

ARTICLE PREMIER.

LE PLAIN-CHANT, faiſant tout l'ornement de l'Office divin, doit s'exécuter avec gravité & décence, obſervant néanmoins une proportion entre les jours de Fêtes ſolemnelles & les jours ſimples, en évitant auſſi une lenteur exceſſive qui feroit diſparoître toute la mélodie du Chant.

ARTICLE II.

On doit faire attention que l'on diſtingue trois ſortes de MESURES dans le Chant : la première a un ſeul Tems, qui eſt la Meſure commune & propre au pur Plain-Chant ; la ſeconde a deux Tems, dont on ſe ſert pour exprimer les Piéces Poétiques, dont les Métres ſont *Alcaïques*, ou *Saphiques*, ou *Aſclépiades*, ou *Phérécraces*, ou *Alcmanes;* & la troiſième a trois Tems pour les Hymnes & Proſes, dont les Métres ſont *Trochaïques*, ou *Iambiques.*

ARTICLE III.

Pour ne pas défigurer la mélodie, on doit éviter de tomber péſamment ſur les Notes en deſcendant, ou de les pouſſer avec effort en montant ; il faut au contraire avoir ſoin que le ſon de la voix ſoit naturel ; ne faire aucun mouvement ; éviter, pour chanter, une poſture extraordinaire, ſoit dans l'attitude, ſoit dans les tournoyemens de bouche ; modérer ſa voix de façon à pouvoir chanter long-tems ſans ſe fatiguer ; prononcer exactement & diſtinctement toutes les ſyllabes ; éviter enfin tout ce qui peut nuire à la bonne prononciation, comme les coups de goſier, les aſpirations mal placées, & les tremblemens affectés ; ne jamais fredonner les Notes (ſur-tout à l'Autel) comme bien des perſonnes qui s'imaginent donner de l'agrément au Chant dans le tems même qu'ils le défigurent. Le *Plain-Chant* doit être ſimple & uni, c'eſt-à-dire, un *Chant plain.*

ARTICLE IV.

Pour donner de la grace au Chant, il faut éviter de couler ou de peſer plus ſur une Note que ſur l'autre, excepté dans les *Hymnes* & les *Proſes* qui ont une MESURE particulière : il faut obſerver les *Éliſions*, (*a*) c'eſt-à-dire que, quand dans deux mots voiſins, le premier finit par une lettre *voyelle*, ſoit qu'elle ſoit ſeule, ſoit qu'elle ſoit avec une *m*, & que le ſecond mot commence par une *voyelle* ou une *h*, il faut ſupprimer la première *voyelle* avec ſon *m*, s'il y en a une, pour réunir les deux ſyllabes, & n'en faire qu'une ; par exemple, *Ipſo in fonte*,

(*a*) Les Éliſions n'ont lieu que dans les Piéces de Poéſie.

doit ſe prononcer *Ipſ-in fonte; Infunde amorem*, doit ſe prononcer *Infund-amorem ; Cœli lucem habitabimus*, doit ſe prononcer *Cœli luç-habitabimus* (*a*). Il faut encore obſerver que les deux ſyllabes renfermées dans les mots *cu-i* & *que-is*, ſe prononcent ſouvent comme s'il n'y en avoit qu'une ſeule, *cui* & *quis* : que le mot *manſuetus* doit être quelquefois réduit à trois ſyllabes, *man-ſve-tus*.

ARTICLE V.

Il faut auſſi que toutes les Voix ſe ſuivent en même-tems, ſur chaque ſyllabe & ſur chaque note. Afin de parvenir à cet accord, on doit prêter l'oreille à ceux qui gouvernent le Chœur. Auſſi les Choriſtes, n'ayant été établis que pour maintenir l'uniformité du *Ton* & l'accord des Voix, ſe proménent pendant que le Chœur chante ; & ſe repoſent quand le Chœur ceſſe de chanter ; c'eſt donc ſur eux qu'on doit régler le Chant dans les Égliſes Paroiſſiales. Si quelqu'un bat la MESURE, on doit la ſuivre.

ARTICLE VI.

On doit chanter à Notes pleines & graves les deux dernières Strophes des Proſes, parce qu'elles renferment ordinairement une Prière : s'il n'y avoit point de Prière à la fin des Proſes, on ne changeroit point la MESURE du Chant.

ARTICLE VII.

Pour chanter à ſon aiſe, il faut garder ſoigneuſement l'*Uniſſon* dans toute l'étendue de

---

(*a*) On a eu ſoin, dans pluſieurs Livres d'Egliſe, de mettre en italique ces voyelles qui s'élident.

l'Office, ſelon les trois manières indiquées dans le cours de ces Principes, ſavoir: 1° Par l'OCTAVE du TON, lorſqu'il s'agit d'exécuter un Répons ou une autre Piéce de Chant quelconque; 2° Par la FINALE de la Piéce, lorſqu'on quitte le Verſet Graduel pour paſſer au Verſet Alléluiatique; 3° Par la DOMINANTE du TON, quand il s'agit de l'Intonation d'un Pſeaume. On évitera par-là un déſordre fort commun, qui fait que certaines Piéces ſont chantées exceſſivement haut, & d'autres ſi bas, qu'à peine on les entend.

ARTICLE VIII.

On doit ſpécialement recommander aux Elèves de paſſer ſec d'un ſon à un autre, quel que ſoit l'intervalle qui les ſépare; de ne jamais chercher à briller par des cadences, qui ſont bien défendues dans le Plain-Chant, (s'il n'eſt Meſuré,) il faut appuyer au contraire ſur la Note ſuivante ſans tâtonner: car les tâtonnemens ſont composés de *Tons* mauvais & incertains qui caractériſent l'ignorance du Chantre. On doit encore les accoutumer de bonne heure à fournir également tous les ſons, & à obſerver une exacte *Meſure* dans le tems de chaque Note.

ARTICLE IX.

Il faut faire remarquer aux Elèves le défaut qu'on eſt ſouvent obligé de reprocher aux Chantres des Paroiſſes, ſur-tout de la Campagne, lorſqu'ils chantent à deux ou en *Chorus*, & qu'ils ont à obſerver quelques repos indiqués par la copie; le plus hardi d'entr'eux (c'eſt ordinairement le plus ignorant) voulant paroître avec éclat, ne donne point à ſon voiſin le tems de reprendre haleine; celui-ci veut briller à ſon tour; &, ſans égard pour la *Meſure*, la preſſe; bientôt ils la perdent l'un & l'autre; on s'anime; chacun perd l'équilibre du TON dans lequel on étoit entré; on monte à l'envi l'un de l'autre; on n'entend plus à la fin que des cris affreux & des ſons dénaturés, qu'on prendroit pour des hurlemens & des cris pouſſés à deſſein; bien loin de penſer que ces perſonnes, avec leurs talens, ſont deſtinées à honorer Dieu.

D'autres perdent facilement leur ton; &, par un contraſte moins pardonnable encore, portent juſques dans les Temples ſacrés, la nonchalance & la pareſſe dont leur cœur eſt affecté: ils baiſſent les ſons de la voix au point de faire un diſparat affreux avec les autres. Ces deux défauts ſi oppoſés, viennent auſſi quelquefois de la mauvaiſe diſpoſition des organes qui ne ſont point faits pour le Chant. Les perſonnes mal organiſées ne doivent donc point mêler les accens de leur voix avec d'autres, parce qu'elles les entraîneroient à leur penchant.

Mais, lorſque le faux de la voix ne ſe montre qu'accidentellement, il n'y a point de milieu; celui qui monte eſt condamnable, parce qu'il le fait par une mauvaiſe habitude qu'il ne veut pas réprimer, ou par une émulation mal entendue: celui qui baiſſe eſt encore moins pardonnable, parce qu'il ne le fait que par nonchalance.

Il faut donc que les Maîtres préviennent ces

défauts, en accoutumant de bonne heure leurs Elèves à chanter ensemble; & à conserver toujours la même unité dans les sons, ainsi que dans la précision de la MESURE du Chant.

ARTICLE X.

Il seroit bien à desirer que nos plaintes fussent assez persuasives, pour engager la plûpart des Choristes à réformer l'abus dans lequel ils sont de faire servir l'Imposition du Pseaume au Pseaume même, lorsque le premier mot de l'Antienne est le même que celui qui commence le Pseaume. Ils verroient du même œil que nous le ridicule de cet usage; en effet, deux questions suffisent pour en convaincre. 1° L'Imposition qui est prise sur l'Antienne, fait-elle partie du Pseaume? Non. 2° Peut-on dire même qu'elle fasse partie de l'Office? Non. Car si on avoit eu l'intention de faire servir au Pseaume le mot qui, par son Chant, donne l'Imposition au Pseaume lui-même, n'auroit-il pas été plus naturel de convenir que cette Imposition fût toujours prise sur le premier mot du Pseaume, plutôt que sur l'Antienne. Et de même (pour répondre à la seconde question,) si ce premier mot de l'Antienne qui se chante avant l'Intonation du Pseaume, faisoit partie de l'Office, ceux qui récitent leur Bréviaire en particulier seroient tenus de le prononcer; mais cela n'est pas (*a*); c'est

(*a*) *Brev. Noviom. in Rubr. Gener. Part. III. Cap. V. Artic. 9.* In Officio tamen quod sine cantu recitatur, in-

donc mal à propos qu'on fait ſervir l'Impoſition de l'Antienne pour faire partie du Pſeaume, puiſqu'elle n'a été miſe en uſage que pour diriger le Choriſte dans l'Intonation qui doit ſuivre.

Il réſulte de cet abus de grands inconvéniens, parce que ſouvent celui à qui on a annoncé l'Impoſition, la rend très-mal. S'il a de la voix, ſouvent il ne ſçait pas la diriger; s'il n'en a point, il ne ſe fait pas entendre. D'autres tournent le Chant à leur guiſe, ſans prendre garde que le mot qu'ils chantent, faiſant partie du Pſeaume, doit être entendu. Or, s'il ne l'a pas été, n'eſt-il pas ridicule qu'un Choriſte reprenne d'un ton de voix propre à la Pſalmodie *Domino meo*, tandis qu'on ignore ſi *Dixit Dominus* a été chanté ou non? Enfin, cela ne ſert que trop ſouvent à embarraſſer le Choriſte, bien loin que l'Impoſition lui ſoit utile & capable de l'aider dans ſon Intonation.

ARTICLE XI.

Dans pluſieurs Egliſes, l'uſage eſt que, les jours ſolemnels, après les Cantiques *Benedictus* & *Magnificat*, l'Officiant, ou le Choriſte, reprenne l'Impoſition de l'Antienne qui doit être auſſi-tôt continuée par le Chœur. Il leur arrive quelquefois, par inattention, de ſupprimer un ou pluſieurs mots de l'Impoſition, ſe contentant d'en chanter un ſeul. Ils doivent ſentir qu'on a cherché à donner un certain ſens aux paroles de

---

choantur Pſalmi, vel Cantica, ſine Antiphonarum impoſitione. *Le Bréviaire de Paris s'explique de même*, Rubriques Générales, Partie III. Chap. V. Art. 7.

l'Imposition, en joignant le Substantif avec l'Adjectif, comme *Deus magnus*, ou le Nom avec le Verbe, comme *Petrus vidit* : il est donc essentiel qu'ils se conforment aux intentions des Compositeurs dont l'Ouvrage, une fois reçu, doit faire loi. D'ailleurs cette faute rend la reprise du Chœur insoutenable, & souvent même impraticable, le Chant n'étant pas disposé à recevoir des retranchemens, ou à être modulé à la fantaisie de tout le monde.

Il n'est jamais permis de changer le Chant de l'Imposition, quand elle est suivie de l'*Antienne* ; mais il n'en est pas de même lorsqu'elle est immédiatement suivie du *Pseaume*, parce qu'alors étant destinée à frayer le chemin au Choriste qui va entonner ce Pseaume, il est du bon ordre de lui indiquer sensiblement la Modulation qu'il doit lui donner.

ARTICLE XII.

Dans la Psalmodie, il faut faire une petite pause à la *Médiante*, & prendre garde qu'une partie du Chœur ne commence point un Verset que l'autre partie n'ait totalement fini. On doit appuyer un peu plus sur la pénultiéme syllabe, tant de la *Médiante* que de la *Terminaison*.

Quand un Verset de la Psalmodie est trop long, on doit faire de petits repos aux virgules, ou aux endroits où le sens peut être suspendu, en évitant toutefois que ces repos soient aussi longs que ceux de la *Médiante* ; il ne faut jamais couper les mots pour respirer.

ARTICLE XIII.

Après le Pseaume, toutes les Voix doivent se réunir pour reprendre l'Antienne qui doit avoir une MESURE proportionnée à la gravité de la Psalmodie ; &, si la Psalmodie a été conduite plus rondement, il faut que l'Antienne se chante de même, & toujours avec accord.

ARTICLE XIV.

Dans les Processions, il seroit de la plus grande indécence de ne pas chanter avec gravité, sur-tout pendant la marche. Il faut joindre à cette gravité, l'attention de chanter une suite de mots qui forment un sens ; &, après quelques pas, reprendre la suite du Chant : on peut faire des repos plus considérables entre la Finale du Répons & le Verset, comme entre le Verset & la Réclame. On ne doit jamais se permettre de terminer un Répons une fois commencé, par aucune autre cadence que sur la Tonique du Chant.

ARTICLE XV.

Enfin, tout doit se chanter avec ordre & de concert ; on doit être attentif à former une telle union de Voix, qu'il semble qu'elles n'en fassent qu'une. Ce bel accord produira une mélodie agréable, fera entendre le sens des paroles, entretiendra l'esprit, nourrira le cœur, & animera la piété.

*

EXEMPLES

Tirés de l'HYMNAIRE de Noyon.

PROSE DU SAINT JOUR DE PASQUE.

5. SEPULCRUM Chriſti vi-ven-tis, Et glo-ri-am
vi-di re-ſur-gen-tis,
6. ANGE-LI-COS te- ſtes, Su-da-ri-um &
ve-ſtes.
7. SURREXIT Chriſtus ſpes me- a: Præcedet
ſu-os in Ga-li-læ-am.
8. SCIMUS Chriſtum ſur-re-xiſ-ſe A mor-
tu-is ve- rè: Tu no-bis, vi-ctor Rex,
mi-ſe-re- re. A- men.

PROSE DU SAINT SACREMENT.

Du 7. LAU-DA, Si-on, Sal-va-to-rem, Lauda ducem & pa-storem In hymnis & can ti-cis.

2. QUANTUM po-tes, tantùm au-de; Qui-a major om-ni lau-de; Nec lau-da-re suf-fi-cis.

3. LAUDIS thema spe-ci-a- lis, Panis vi-vus & vi-ta-lis Ho-di-è pro-po-ni-tur;

4. QUEM in sa-cræ mensâ cœ- næ, Turbæ fratrum du-o-de-næ, Datum non am-bi-gi-tur.

5. SIT laus ple-na, sit so- no-ra, Sit jucunda

ſit de-co-ra Mentis ju-bi-la-ti-o.
6. Di-es e-nim ſo-lemnis a-gi-tur, In quâ
men-ſæ prima re-co-li-tur Hujus in-ſti-tu-ti-o.
7. In hâc mensâ no-vi Regis, Novum Paſcha
no-væ le-gis Pha-ſe ve-tus ter-mi-nat.
8. Vetustatem no-vi-tas, Umbram fu-gat
ve-ri-tas, Noctem lux e-li-mi-nat.
9. Quod in cœ-nâ Chriſtus geſ-ſit, Fa-ci-en-
dum hoc expreſſit In ſu-î me-mo-ri-am.

10.
Docti sa-cris in-sti-tu-tis, Panem, vinum,
in sa-lu-tis Conse-cramus ho-sti-am.
11.
Dogma da-tur Christi-a-nis, Quòd in car-
nem transit pa-nis, Et vinum in sanguinem.
12.
Quod non ca-pis, quod non vides, A-ni-mo-sa
firmat fi-des, Præter re-rum or-dinem.
13.
Sub di-ver-sis spe-ci-e-bus, Signis tantùm,
& non re-bus, Latent res e-xi-mi-æ.
14.
Caro ci-bus; sanguis po-tus: Manet ta-

men Christus to-tus Sub u-trâque spe-ci-e.
15.
A SUMENTE non con-ci- sus, Non confra-
ctus, non di-vi-sus; In-te-ger ac- ci-pi-tur.
16.
SUMIT u-nus, sumunt mil- le: Quantùm i-
sti, tantùm il-le; Nec sumptus con- su-mi-tur.
17.
SUMUNT bo-ni, sumunt ma- li, Sorte tamen in-æ-qua-li Vi-tæ vel in-te-ri-tûs.
18.
MORS est ma-lis, vi-ta bo- nis: Vi-de paris sumpti-o-nis Quàm sit dispar e-xi-tus.

19.
Fracto demùm Sa-cramento, Ne va-cil-les,
sed memento Tantùm ef-fe fub fragmento,
Quantùm to-to te-gi-tur.
20.
Nulla re-i fit fcif-fu-ra; Si-gni tantùm
fit fractu-ra, Quâ nec fta-tus nec fta-tu-ra
Signa-ti mi- nu- i- tur.
21.
Lentement.
Ec- ce Pa- nis An- ge- lo- rum, Factus
cibus vi- a- torum, Ve-rè pa-nis fi- li- o-rum,
Non mittendus ca-ni-bus.

22. In fi-gu-ris præ-fi-gna-tur, Cùm I- fa-ac
im-mo-la-tur, Agnus Pafchæ de- pu-ta-tur,
Da-tur manna pa-tri-bus.
23. Bone Paftor, pa-nis ve- re, Je- fu, noftrì
mi- fe-re-re; Tu nos paf-ce, nos tu-e-re,
Tu nos bo-na fac vi-de-re, In ter-râ viven-tium.
24. Tu, qui cuncta fcis & va- les, Qui nos
pafcis hìc morta-les, Tu-os i- bì commenfa-
les, Co-hæ-re-des & fo-da-les, Fac fan-cto-

rum ci-vi-um. A- men.

PROSE DES MORTS.

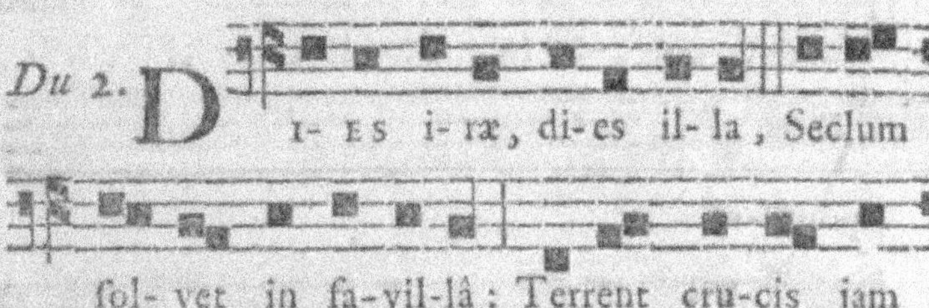

Du 2. D i- es i-ræ, di-es il-la, Seclum

ſol-vet in fa-vil-lâ : Terrent cru-cis jam

ve-xil-la.

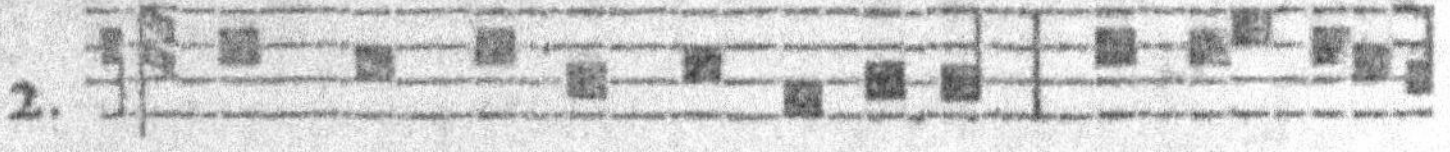

2. Quantus tremor eſt fu-turus, Quandò Ju-

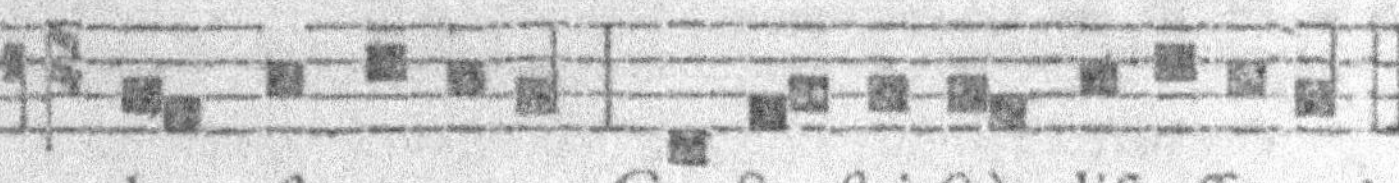

dex eſt venturus, Cuncta ſtri-ctè diſcuſſurus !

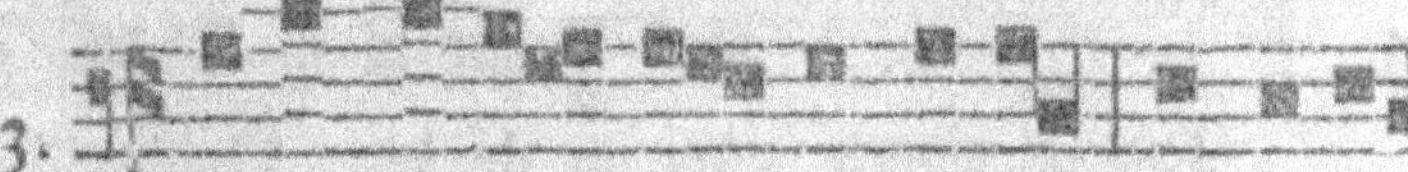

3. Tuba mi-rum ſpar-gens ſo-num Per ſe-pul-

chra re-gi-o-num, Co-get om- nes an-te

thronum.

4. Mors ſtu-pe-bit & na-tu-ra, Cùm re-
ſur-get cre-a-tu-ra, Ju-di-can- ti reſ-
ponſu-ra.
5. Liber ſcriptus pro-fe-re-tur, In quo
totum con-ti-ne-tur, Un-dè mundus ju-di-
ce-tur.
6. Judex er-gò cùm ſe-de-bit, Quidquid
la-tet ap-pa-re-bit, Nil in-ul-tum re-ma-
ne-bit.

7.
Quid sum mi-ser tunc di-cturus? Quem pa-
tro-num ro-ga-tu-rus? Cùm vix ju-stus sit
se- cu-rus.
8.
Rex tremendæ ma-je-sta-tis, Qui sal- van-
dos salvas gratìs, Sal-va me, fons pi- e- ta-tis.
9.
Recorda-re, Je- su pi- e, Quòd sum
causa tu-æ vi- æ; Ne me per- das il-lâ
di- e.
10.
Quærens me, se- di- sti las-sus;

Re-de-mi-ſti, crucem paſſus : Tan-tus la-
bor non ſit caſ-ſus.
11. JUSTE ju-dex ul- ti- o- nis, Do-num
fac re-miſ- ſi- o- nis An- te di- ẽm ra-
ti- o- nis.
12. IN-GE-MISCO tamquàm re- us; Cul-pâ
ru-bet vultus me- us : Supplican-ti par- ce,
De-us.
13. PECCATRICEM ab-ſol-vi-ſti, Et la- tro-

nem e-xau-di-ſti ; Mi-hi quoque ſpem de-di-ſti.

14. PRECES me-æ non ſunt dignæ : Sed tu

bo- nus fac be-nignè Ne per- en-ni cremer

i- gne.

15. INTER o- ves lo- cum præſta , Et ab

hœdis me ſequeſtra , Sta- tu-ens in par-

te dextrâ.

16. CONFUTA-TIS ma- le-di-ctis , Flammis

a-cribus ad-dictis , Vo- ca me cum be-ne-

di-ctis.
17. O-RO supplex & ac-cli-nis, Cor contri-
tum qua-si ci-nis ; Ge-re cu-ram me-i
fi-nis.
18. LACRYMO-SA di- es il-la, Quâ re-
sur- get ex fa-vil-lâ Ju-di-can-dus ho-mo
re- us : Hu-ic er- gò par-ce, De- us.
19. *Lentement.* PI- E Je- su, Do-mi-ne, Do-
na e- is re-qui-em. A- men.

APRÈS avoir vû, ſur la manière de chanter, tout ce que le zèle d'un Ancien, pour la gloire de Dieu, nous a dicté, le Lecteur ne ſera point fâché de trouver ici une Paraphraſe admirable du Statut de Cîteaux, donné par S. Bernard comme une Méthode abrégée de la manière de s'acquiter dignement du tribut de Louanges dû à la Majeſté ſuprême. Cette Piéce, compoſée en Latin par le célébre de Santeul, Chanoine Régulier de Saint-Victor, a été traduite par M. Germain Dupuis, Chanoine de Saint-Jacques-de-l'Hôpital, à Paris.

DE QUELLE MANIÈRE & DANS QUELLES DISPOSITIONS *le Clergé doit chanter l'Office Divin.*

PEUPLE né pour remplir les fonctions des Anges,
Qui chantez à deux Chœurs les divines louanges :
Pour vous bien acquiter de cet heureux emploi,
Ecoutez mes avis, qu'ils vous ſervent de Loi.
Miniſtres du Très-haut, puiſſiez-vous bien comprendre,
Que Dieu qui fit l'oreille, en a pour vous entendre.

C'eſt dans les Temples ſaints qu'habite le Seigneur ;
N'y paroiſſez jamais que ſaiſis de frayeur,
Dans un profond reſpect, adorez ſa préſence ;
Les Anges éblouis de ſa divine eſſence,
Au milieu des éclairs qu'il lance inceſſamment,
Y ſont, quoique très-purs, dans un ſaint tremblement.

Si, par quelque péché, votre ame eſt ulcérée,
De ces auguſtes lieux, craignez même l'entrée ;
Craignez qu'un Dieu vengeur juſtement irrité,
Ne puniſſe à l'inſtant votre témérité.

Ne différez donc pas, si votre ame est impure,
De la purifier de la moindre souillure;
Lavez-la dans les eaux d'une amère douleur;
Que tout soit pur en vous, & les yeux & le cœur.
Plus jaloux de ce cœur, que d'aucun Sanctuaire,
Dieu veut bien faire en lui sa demeure ordinaire.
Lorsque vous serez pur, entrez dans les lieux saints;
Avec joie entonnez les Cantiques divins.

Voulant fléchir du Ciel la justice irritée,
Fuyez tous ces grands airs d'une tête éventée;
Retranchez ces cheveux si longs & si galans,
Capables d'attirer les yeux des assistans:
Par de vaines senteurs, n'affectez point de plaire;
Qu'en vous tout soit conforme au sacré ministère:
Plaisez plus par les mœurs que par le vêtement;
Une vertu solide est un grand ornement.

De peur que nul objet, en dissipant votre ame,
Ne puisse rallentir l'ardeur qui vous enflâme,
Vous ne sçauriez avoir trop de sévérité,
A retenir vos sens dans la captivité.
De les rendre soumis, faites-vous une étude;
Qu'ils reçoivent le joug d'une sainte habitude.
Qu'ils sçachent à l'esprit obéir en tout tems.
Pour prier, c'est beaucoup de bien régler ses sens.

Soyez si composé qu'en vous voyant, on sente
Du Dieu que vous servez, la Majesté présente,
Et que chacun touché d'un tel recueillement,
Devant lui se prosterne, & l'adore humblement.

Gardez-vous de tomber dans le confus murmure
D'un Chant précipité sans ordre & sans mesure:
Par un motif de foi pesez, ou respectez
Jusques aux moindres mots, que Dieu même a dictés.
Plein de l'esprit du Dieu, qui lance le tonnerre,
Ces oracles devroient faire trembler la terre.

Le Chant, par quelque pause, a dû se mesurer:
Ce repos fait trouver le tems de respirer,
Et le cœur peut goûter ces vérités sacrées,
Qu'avec différens Tons la bouche a proférées.

Obſervez donc toujours les pauſes qu'on preſcrit,
Pour ſoulager le corps, & pour nourrir l'eſprit.

Mais auſſi gardez-vous d'une manière lente;
Ne défigurez pas par une voix traînante
Un air dont la cadence a de la gayeté:
Par la beauté des Tons, craignez d'être flatté;
Ne vous arrêtez pas à cette foible écorce;
Il faut peſer des mots & le ſens & la force.

N'allez point par des cris aigres & détonnans
Vous rendre inſupportable à tous les aſſiſtans.
N'affectez point non plus des manières mondaines;
Et pour vous attirer quelques louanges vaines,
Ne donnez point au Chant un air efféminé;
Dieu mépriſe les vœux d'un cœur ainſi tourné.
Apprenez qu'il n'écoute avecque complaiſance,
Que ces gémiſſemens pouſſés dans le ſilence,
Ces cris intérieurs, & ces tendres ſoupirs,
Qui d'un cœur épuré lui marquent les déſirs.

Jamais grimace en Chant ne doit être employée.
Evitez de chanter à gorge déployée,
La bouche trop ouverte, & trop violemment;
C'eſt de-là que nous vient ce grand mugiſſement,
Dont les Temples ſacrés quelquefois retentiſſent;
Dieu ne s'appaiſe point par des voix qui glapiſſent
Il ne prend point plaiſir à ces ſortes clameurs.
Ce Dieu qui regne au Ciel au milieu des ſplendeurs
Nous entend pleinement de ſon Thrône ſublime,
Sans ce bruit de la voix, que trop d'ardeur anime.
Vous, Prêtres de Baal, par des cris redoublés
Invoquez un Dieu ſourd, qu'en vain vous appellez.

Que l'union des voix marque celle des ames;
Que les cœurs bien unis brûlent des mêmes flâmes.
Chaque lieu différent a ſon Rit à garder:
Aux uſages reçus, on doit s'accommoder;
Et ſuivre exactement dans le cours de l'année
Ce que l'on trouvera preſcrit chaque journée.

A l'Egliſe ſur-tout, évitez les débats;
Sur un Rit incertain, ne vous échauffez pas:

Une cérémonie est hors d'œuvre, sur l'heure
Changez-la, s'il se peut, en une autre meilleure :
Mais s'il n'est pas aisé de vous faire écouter,
Tout seul à tout un Chœur, n'allez pas résister ;
Laissez-les manquer tous ; qu'une faute semblable,
Pour conserver la paix, au Ciel est agréable !
On ne peut en ce point agir trop prudemment,
Pour empêcher l'éclat d'un sot entêtement.
Quand, quelque tems après, la chaleur est passée,
Vous pouvez simplement dire votre pensée,
Leur montrer par raison qu'ils étoient dans l'erreur,
Et vous les forcerez d'aimer votre douceur.

Dans un Chant assidu, qu'aucun dégoût funeste
Ne vous prive du fruit de cet emploi céleste.
Elevez-vous au Ciel ; que par de saints efforts
Votre esprit dégagé des liens de son corps
Ose se transporter jusque dans l'Empirée :
Qu'il entre en ce palais d'éternelle durée.
Qu'il parcoure à loisir la divine Cité,
Qu'admirant de ces lieux l'immuable beauté,
Il se joigne aux concerts des troupes angéliques,
Qui font tout retentir de leurs sacrés Cantiques.
Là cette auguste Cour en s'anéantissant
Appelle trois fois saint le grand Dieu tout-puissant :
Avec elle en tout tems, que votre cœur l'adore.
Plein de ces sentimens, quoique mortel encore,
Vous serez Citoyen du bienheureux séjour,
Et vous commencerez, tout embrasé d'amour,
A chanter les Grandeurs de cet Être adorable
Pour jouir à jamais de ce bien ineffable.
Quel plaisir pur & saint ! quel excès de douceur
Viendra comme un torrent inonder votre cœur !

Heureux qui suit ces Loix, & qui dès cette vie
Essaye d'imiter la céleste Patrie.

APPROBATIONS.

J'AI LU avec ſatisfaction la *Méthode Nouvelle pour apprendre facilement le Plain-Chant*, par *M. l'Abbé* OUDOUX; & je penſe que cet Ouvrage, rempli d'obſervations judicieuſes, pourra être fort utile à tous ceux qui, par état, ſont obligés de s'appliquer au Chant de l'Egliſe, & ſur-tout aux Clercs des Paroiſſes chargés de former des Elèves: ils y puiſeront de bons Principes, & pourront profiter de beaucoup de Remarques intéreſſantes, tant pour la Pratique que pour la Théorie: A Noyon, ce ſeize Avril mil ſept-cent ſoixante-dix.

Signé, HOMET, *Chapelain & Maître de Muſique de l'Egliſe de Noyon.*

D'APRÈS l'examen que j'ai fait de la *Méthode Nouvelle pour apprendre facilement le Plain-Chant, dont M. l'Abbé* OUDOUX *eſt Auteur*, elle m'a paru très-propre à former des Clercs & à parvenir promptement à chanter l'Office divin d'une manière digne de celui qui doit être loué. On ne peut trop applaudir celui qui, par ſon travail, s'eſt rendu capable de donner de nouvelles lumières ſur cet objet: on ne peut auſſi trop engager les Elèves à profiter d'un travail qui les diſpenſe de toutes recherches, en leur applaniſſant les difficultés: A Paris, ce cinq Mai mil ſept-cent ſoixante-dix.

Signé, DORIOT, *Bénéficier & Maître de Muſique de la Ste Chapelle de Paris.*

JE CERTIFIE avoir examiné attentivement la *Méthode Nouvelle du Plain-Chant, par Demandes & Réponses, de M. l'Abbé* OUDOUX; je la trouve aussi parfaitement raisonnée qu'utile pour faciliter la belle exécution du Plain-Chant: A Paris, ce vingt-six Juin mil sept-cent soixante-dix.

Signé, DUGUÉ, *Maître de Musique de l'Eglise de Paris.*

APPROBATION

DE MONSEIGNEUR L'EVÊQUE DE NOYON,

Pour l'usage de cette Méthode dans son Diocèse.

VU les Approbations ci-dessus, Nous permettons, pour notre Diocèse, l'usage de la *Méthode Nouvelle pour apprendre facilement le Plain-Chant, par le Sieur Abbé* OUDOUX, *Chapelain & Musicien de Notre Eglise*, la jugeant très-propre à faciliter l'enseignement du Chant Ecclésiastique, & à en répandre le goût : A Paris, ce vingt-six Avril mil sept-cent soixante-onze.

Signé, † CH. EV.-CTE DE NOYON.

APPROBATION DU CENSEUR ROYAL.

J'AI LU, par ordre de Monseigneur le Chancelier, un Ouvrage intitulé: *Méthode Nouvelle pour apprendre facilement le Plain-Chant*, & j'ai reconnu que les Approbations que lui ont données les Maîtres de Musique de l'Eglise de Paris, de la Sainte Chapelle de Paris & de l'Eglise de Noyon, en justifient suffisamment le mérite; ainsi je pense que cette *Méthode Nouvelle* peut être très-utile, & qu'il est bon d'en permettre la réimpression: A Paris, ce 3 Juin mil sept-cent soixante-douze.

Signé, D'HERMILLY.

PRIVILÉGE DU ROI.

LOUIS, PAR LA GRACE DE DIEU, ROI DE FRANCE ET DE NAVARRE: A nos amés & féaux Conseillers, les Gens tenans nos Cours de Parlement, Maîtres des Requêtes ordinaires de notre Hôtel, Grand-Conseil, Prevôt de Paris, Baillifs, Sénéchaux, leurs Lieutenans Civils & autres nos Justiciers qu'il appartiendra: SALUT. Notre amé le Sieur LOTTIN, nous a fait exposer qu'il désireroit faire imprimer & donner au Public, *Méthode Nouvelle pour apprendre facilement le Plain-Chant*, s'il Nous plaisoit lui accorder nos Lettres de Privilége pour ce nécessaires. A CES CAUSES, voulant favorablement traiter l'Exposant, Nous lui avons permis & permettons par ces Présentes, de faire imprimer ledit Ouvrage autant de fois que bon lui semblera, & de le vendre, faire vendre & débiter par tout notre Royaume, pendant le tems de *six années* consécutives, à compter du jour de la date des Présentes. FAISONS défenses à tous Imprimeurs, Libraires & autres personnes, de quelque qualité & condition qu'elles soient, d'en introduire d'impression étrangère dans aucun lieu de notre obéissance: comme aussi d'imprimer, ou faire imprimer, vendre, faire vendre, débiter ni contrefaire ledit Ouvrage, ni d'en faire aucuns Extraits, sous quelque prétexte que ce puisse être, sans la permission expresse & par écrit dudit Exposant, ou de ceux qui auront droit de lui, à peine de confiscation des Exemplaires contrefaits, de trois mille livres d'amende contre chacun des contrevenans, dont un tiers à Nous, un tiers à l'Hôtel-Dieu de Paris, & l'autre tiers audit Exposant, ou à celui qui aura droit de lui, & de tous dépens, dommages & intérêts: A la charge que ces Présentes seront enregistrées tout au long sur le Registre de la Communauté des Imprimeurs & Libraires de Paris, dans trois mois de la date d'icelles; que l'impression dudit Ouvrage sera faite dans notre Royaume, & non ailleurs, en bon papier & beaux caractères, conformément aux Réglemens de la Librairie, & notamment à celui du dix Avril mil sept-cent vingt-cinq, à peine de déchéance du présent Privilége; qu'avant de l'exposer en vente, le Manuscrit qui aura servi de copie à l'impression dudit Ouvrage, sera remis dans le même état où l'Approbation y aura été donnée, ès mains de notre très-cher & féal Chevalier, Chancelier, Garde des Sceaux de France, le Sieur DE MAUPEOU; qu'il en sera ensuite remis deux Exemplaires dans notre Bibliothéque publique, un dans celle de notre Château du Louvre, & un dans celle dudit Sieur DE MAUPEOU; le tout à peine de nullité des Présentes; du contenu desquelles vous mandons & enjoignons de faire jouir ledit Exposant & ses Ayans causes, pleinement & paisiblement, sans souffrir qu'il leur soit fait aucun trouble ou empêchement. Voulons que la copie des Présentes, qui sera imprimée tout au long, au commencement ou à la fin dudit Ouvrage, soit tenue pour duement signifiée, & qu'aux copies collationnées par l'un de nos amés & féaux Conseillers-Secrétaires, foi soit ajoutée comme à l'Original. Commandons au premier notre Huissier ou Sergent sur ce requis, de faire, pour l'exécution d'icelles, tous actes requis & nécessaires, sans demander autre permission, & nonobstant clameur de Haro, Charte Normande, & Lettres à ce contraires: CAR tel est notre plaisir. DONNÉ à Paris, le *vingt-sixiéme* jour du mois de *Juin*, *l'an* de Grace *mil sept-cent soixante-douze*, & de notre Régne, le cinquante-septiéme. Par le Roi en son Conseil.

Signé, LE BÉGUE.

Registré sur le Registre XVIII de la Chambre Royale & Syndicale des Libraires & Imprimeurs de Paris, N° 2154, fol. 678, *conformément au Réglement de 1723 : A Paris, ce* 11 *Juillet* 1772.

Signé, S. Pr. HARDY, *Adjoint*.

Chez LOTTIN l'aîné, Imprimeur-Libraire du Roi, 1776.

www.ingramcontent.com/pod-product-compliance
Ingram Content Group UK Ltd.
Pitfield, Milton Keynes, MK11 3LW, UK
UKHW022107260726
13993UKWH00001B/361